O DIREITO INTERNACIONAL
como profissão acadêmica:

Encontros e Desencontros em Quatro ou Cinco Atos

Organizadores:
Arthur Roberto Capella Giannattasio
Douglas de Castro

Autores:
Ana Cláudia Ruy Cardia Atchabahian
Bruno Lopes Ninomiya
Gabriel Antonio Silveira Mantelli
Odara Gonzaga de Andrade
Olívia de Quintana Figueiredo Pasqualeto
Paula Monteiro Danese
Renan Moutropoulos Fortunato

AMBRA UNIVERSITY
press

Publisher: Ambra University Press
First edition: DECEMBER 2021 (Revision 1.0a)

Author: Ana Cláudia Ruy Cardia Atchabahian, Arthur Roberto Capella Giannattasio, Bruno Lopes Ninomiya, Douglas de Castro, Gabriel Antonio Silveira Mantelli, Odara Gonzaga de Andrade, Olívia de Quintana Figueiredo Pasqualeto, Paula Monteiro Danese, Renan Moutropoulos Fortunato.
Title: O Direito Internacional como Profissão Acadêmica: Encontros e Desencontros em Quatro ou Cinco Atos
Cover design: Jhonny Santos
Book design: Ambra University Press
Proofreading: Ambra University Press

E-book format: EPUB
Print format: Print format: Paperback- 6 x 9 inch

ISBN: 978-1-952514-29-6 (Print - Paperback)
ISBN: 978-1-952514-28-9 (e-book – EPUB)

Ambra is a trademark of Ambra Education, Inc. registered in the U.S. Patent and Trademark Office.
Ambra University Press is a division of Ambra Education, Inc.
Orlando, FL, USA
https://press.ambra.education/ • https://www.ambra.education/

ii

Editora: Ambra University Press
Primeira edição: dezembro 2021 (Revisão 1.01)

Autores: Ana Cláudia Ruy Cardia Atchabahian, Arthur Roberto Capella
Giannattasio, Bruno Lopes Ninomiya, Douglas de Castro, Gabriel Antonio
Silveira Mantelli, Odara Gonzaga de Andrade, Olívia de Quintana Figueire-
do Pasqualeto, Paula Monteiro Danese, Renan Moutropoulos Fortunato
Título: O Direito Internacional como Profissão Acadêmica: Encontros e
Desencontros em Quatro ou Cinco Atos
Design da capa: Jhonny Santos
Projeto gráfico: Ambra University Press
Revisão: Ambra University Press

Formato e-book: EPUB
Formato impresso: Capa mole - 6 x 9 polegadas

ISBN: 978-1-952514-29-6 (Impresso – capa mole)
ISBN: 978-1-952514-28-9 (e-book – EPUB)

Ambra é uma marca da Ambra Education, Inc. registrada no U.S. Patent
and Trademark Office.
Ambra University Press é uma divisão da Ambra Education, Inc.
Orlando, FL, EUA
https://press.ambra.education/ • https://www.ambra.education/

SUMÁRIO

SOBRE OS ORGANIZADORES

ARTHUR ROBERTO CAPELLA GIANNATTASIO

Professor Doutor do Instituto de Relações Internacionais da Universidade de São Paulo (IRI/USP). Foi Professor da Faculdade de Direito da Universidade Presbiteriana Mackenzie - campus Higienópolis (FD/UPM). Bacharel em Direito pela Faculdade de Direito da Universidade de São Paulo - Largo São Francisco (FD/USP) e em Filosofia pela Faculdade de Filosofia, Letras e Ciências Humanas da Universidade de São Paulo (FFLCH/USP). Doutor em Direito Internacional e Comparado pela FD/USP, com período sanduíche na Université Panthéon Assas (Paris II). Pós-doutorado no Max-Planck-Institut für ausländisches öffentliches Recht und Völkerrecht.

DOUGLAS DE CASTRO

Professor Doutor na Faculdade de Direito da Lanzhou University (Lanzhou, China). Professor visitante na Foundation for Law and International Affairs-FLIA (Wasgington, U.S.). Professor no curso de mestrado em direito na Ambra University (Flórida, U.S.). Pós-Doutor em Direito pela Escola de Direito de São Paulo (FGV). Doutor em Ciência Política pela Faculdade de

Filosofia, Letras e Ciências Humanas da Universidade de São Paulo (FFLCH/USP). Mestre em Direito pela Faculdade de Direito da Universidade de São Paulo - Largo São Francisco (FD/USP). LL.M. em Direito Internacional pela Brigham Young University (Utah, U.S.). Bacharel em Direito pela Fundação Instituto de Ensino para Osasco (FIEO).

SOBRE OS AUTORES

ANA CLÁUDIA RUY CARDIA ATCHABAHIAN

Doutora e Mestre em Direito Internacional pela PUC/SP. Professora da Faculdade de Direito da Universidade Presbiteriana Mackenzie (UPM). Coordenadora dos Grupos de Estudos "Mack DH&E: Direitos Humanos e Empresas" e "Pessoas Invisíveis: Prevenção e Combate ao Tráfico Interno e Internacional de Seres Humanos", ambos da UPM. Advogada em São Paulo.

ARTHUR ROBERTO CAPELLA GIANNATTASIO

Professor Doutor do Instituto de Relações Internacionais da Universidade de São Paulo (IRI/USP). Foi Professor da Faculdade de Direito da Universidade Presbiteriana Mackenzie - campus Higienópolis (FD/UPM). Bacharel em Direito pela Faculdade de Direito da Universidade de São Paulo - Largo São Francisco (FD/USP) e em Filosofia pela Faculdade de Filosofia, Letras e Ciências Humanas da Universidade de São Paulo (FFLCH/USP). Doutor em Direito Internacional e Comparado pela FD/USP, com período sanduíche na Université Panthéon Assas (Paris II). Pós-doutorado no Max-Planck-Institut für ausländisches öffentliches Recht und Völkerrecht.

Bruno Lopes Ninomiya

Graduando em Direito pela Universidade Presbiteriana Mackenzie (UPM). Pesquisador do Núcleo de Direito e Descolonização (USJT/CNPq), do Laboratório de Sociologia do Direito (UPM), do Grupo de Pesquisa "O Sistema de Seguridade Social" (UPM/CNPq) e do Programa Institucional de Bolsas de Iniciação Científica (PIBIC/UPM), com fomento do MackPesquisa.

Douglas de Castro

Professor Doutor na Faculdade de Direito da Lanzhou University (Lanzhou, China). Professor visitante na Foundation for Law and International Affairs-FLIA (Wasgington, U.S.). Professor no curso de mestrado em direito na Ambra University (Flórida, U.S.). Pós-Doutor em Direito pela Escola de Direito de São Paulo (FGV). Doutor em Ciência Política pela Faculdade de Filosofia, Letras e Ciências Humanas da Universidade de São Paulo (FFLCH/USP). Mestre em Direito pela Faculdade de Direito da Universidade de São Paulo - Largo São Francisco (FD/USP). LL.M. em Direito Internacional pela Brigham Young University (Utah, U.S.). Bacharel em Direito pela Fundação Instituto de Ensino para Osasco (FIEO).

Gabriel Antonio Silveira Mantelli

Doutorando em Filosofia e Teoria Geral do Direito na Faculdade de Direito da Universidade de São Paulo (USP). Professor de Direito na Universidade São Judas Tadeu (USJT), onde coordena o Núcleo de Direito e Descolonização

(USJT/CNPq), e na Escola Superior de Engenharia e Gestão (ESEG - Faculdade do Grupo ETAPA). Mestre em Direito e Desenvolvimento pela Escola de Direito de São Paulo da Fundação Getulio Vargas (FGV Direito SP), com período de pesquisa na Kent Law School. Bacharel em Direito pela USP. Advogado da Conectas Direitos Humanos e consultor em São Paulo.

ODARA GONZAGA DE ANDRADE

Mestranda em Direito pela Faculdade de Direito da Universidade de São Paulo - Largo São Francisco (FD/USP), com apoio da CAPES. Pesquisadora do Núcleo de Direito Global e Desenvolvimento da Escola de Direito de São Paulo (FGV SP)

OLÍVIA DE QUINTANA FIGUEIREDO PASQUALETO

Doutora e mestra em direito do trabalho e da seguridade social pela Faculdade de Direito da Universidade de São Paulo - Largo São Francisco (FD/USP). Professora da Escola de Direito de São Paulo da Fundação Getúlio Vargas. Pesquisadora no Centro de Ensino e Pesquisa em Inovação da FGV. Atualmente realiza Pós-Doutorado na USP.

PAULA MONTEIRO DANESE

Doutoranda e Mestre em Direito Internacional Público pela Faculdade de Direito da Universidade de São Paulo - Largo São Francisco (FD/USP). Possui graduação em Direito pela Faculdade de Direito da Universidade Presbiteriana Mackenzie

- campus Higienópolis (FD/UPM). Professora do IBMEC, Universidade São Judas Tadeu e da Faculdade de Direito da Anhembi Morumbi.

RENAN MOUTROPOULOS FORTUNATO

Mestrando em Relações Internacionais pelo Instituto de Relações Internacionais da Universidade de São Paulo (IRI/USP), com apoio CAPES. Bacharel em Direito pela Faculdade de Direito da Universidade Presbiteriana Mackenzie - campus Higienópolis (FD/UPM).

INTRODUÇÃO

"Para que serve estudar o direito internacional no Brasil hoje?". Esta é a pergunta que tentamos responder ao longo de toda esta obra, dentro das condições vigentes no país para a reflexão acadêmica em Direito no final do segundo semestre de 2021. Ainda que ela apareça como um paroxismo da instrumentalização do conhecimento em tempos turbulentos, a pergunta se renova a cada dia na academia brasileira.

As diferentes respostas foram aqui formuladas tendo como ponto de partida inquietações em torno da disciplina aglutinadas em torno de 4 (quatro) personagens abstratos: aluno de graduação em Direito, aluno de pós-graduação em direito internacional, pesquisador em direito internacional e professor em direito internacional. Contudo, esses 4 (quatro) personagens não existem concretamente: são pontos geométricos construídos artificialmente pelos autores desta obra, com o objetivo de representar a condensação máxima possível de anseios instrumentais em torno do Saber sobre o direito internacional.

O uso de representações para auxiliar na construção de uma reflexão acadêmica não é algo estranho para as Ciências Humanas (ADORNO, 2007, p. 281 e 288-9; WEBER, 1982). Enquanto instrumentos heurísticos, as representações se mostram como uma régua que, após observação das dinâmicas vigentes na sociedade, permite mensurar o afastamento do que foi observado no real em relação à medida definida como parâmetro de observação (GIANNATTASIO, 2018a, p. 122; NASCIMENTO, 1988).

Estabelecer o agir instrumental como critério para definir parâmetros interpretativos é recurso metódico reconhecido nas Ciências Sociais (WEBER, 2012). O uso de tal critério racional de custo-benefício foi inclusive absorvido pelos estudos em relações internacionais no pós-Segunda Guerra Mundial da chamada Escola Realista – a qual é criticada em diversos pontos de suas fundações (GIANNATTASIO, 2018a, p. 14).

Entenda-se assim que os 4 (quatro) personagens aqui constituídos são formulados como agentes instrumentais típicos (WEBER, 2012), isto é, condensadores abstratos de modelos de conduta idealizados de atores que agem finalisticamente. Essa ação teleológica que se estabelece é a de que estes agem visando à satisfação de algum interesse próprio - qualquer que seja ele. Tais interesses serão indicados oportunamente, à medida em que cada capítulo desenvolver como tais personagens tendem a responder a estímulos sociais quando se colocam a pergunta sobre a finalidade de se estudar o direito internacional no Brasil nos presentes dias.

Da maneira como cada um desses modelos de análise foi constituído, atribui-se abstratamente o reconhecimento de que eles podem muitas vezes agir de maneira diversa daquela que é socialmente esperada – como o respeito a valores compartilhados ou a submissão a costumes legados por alguma tradição. Ao mesmo tempo, isso não significa que tais personagens em concreto não possam agir, não queiram agir ou não busquem agir de acordo com fins valorizados socialmente. Trata-se apenas de um modelo de análise que, ao buscar registrar algumas das possíveis diferentes respostas instrumentais de cada personagem à pergunta inicial, evidencia que tais respostas não necessariamente correspondem ao que supostamente se espera de tais personagens.

Ainda que pareça estranho, estabelecer como instrumento heurístico um agir instrumental aparentemente contrário a fins considerados socialmente relevantes se mostra como critério de reflexão reconhecido no campo da filosofia política. Quando Nicolau MAQUIAVEL (2016) apresenta as condutas do Príncipe, ou mesmo quando Thomas MORUS (2010) descreve a caracterização de sua Utopia, ou ainda quando autores como Michelangelo BOVERO (2002) desenvolvem considerações sobre o Governo dos Piores (kakistocracia), tais autores se inserem em uma tradição de obras que se apresentam como o espelho daqueles que ocupam o lugar do Poder (SKINNER, 2002). Preocupadas em estabelecer conselhos sobre a melhor forma de Governar, tais obras estabelecem paradigmas de agência que, pelo exemplo positivo ou negativo, têm a capacidade de operar pedagogicamente e suscitar ações alternativas.

Não se trata assim de uma defesa de condutas contrárias a valores ou à tradição como as melhores ou como exemplos a serem seguidos – a noção vulgar de ideais. Trata-se antes de um registro em modelos de condutas. Tais modelos que foram abstraídos a partir de diferentes reações concretamente coletadas e sistematizadas em inúmeras interações reais vivenciadas pelas autoras e pelos autores da presente obra durante cada uma de suas etapas na carreira acadêmica (alunas e alunos, pesquisadoras e pesquisadores e professoras e professores).

Nesse sentido, pode-se dizer que o presente livro resulta de uma pesquisa qualitativa baseada largamente em uma observação participante de suas autoras e de seus autores. Isso significa que, durante as diferentes etapas de sua carreira acadêmica, as autoras e os autores em diferentes momentos tomaram nota sobre diferentes situações a que foram expostos – ou que lhes foram relatadas ou confidenciadas – e pararam para refletir sobre elas dentro de determinado sentido. Em outras palavras, enquanto autores que escolheram a Ciência como Vocação (WEBER, 2011), as contribuições aqui presentes procuraram tomar consciência sobre processos sociais dos quais suas respectivas autoras e seus respectivos autores participam, participaram ou lhes foram participados para, com isso, formular modelos e conclusões que possam ser academicamente constituídos de forma relevante e significativa para a comunidade epistêmica da qual fazem parte.

Adiante-se que os autores também se surpreenderam com o instrumentalismo que parece marcar as ações de alguns personagens concretos que igualmente escolheram – ou encontraram - a ciência jurídica internacional como vocação. O que se pretendeu aqui foi apenas dar algum sentido às diferentes camadas de ações finalísticas encontradas nesse longo processo de tomada de consciência enquanto membros de um grupo que passam a pensar sobre as limitações e as constrições instrumentais vigentes neste mesmo grupo. Todavia, frise-se que não se trata de uma defesa de tais ações: apresentar tais modelos de respostas finalísticas como conclusões contrárias ao que usualmente se espera é a usual tarefa daqueles que elegem a reflexão científica como profissão voltada a questionar modelos vigentes (DURKHEIM, 1978, p. 74).

É importante salientar que, apesar de os personagens aqui constituídos serem produto de uma abstração que os modelou como artifícios, tal caráter ficcional não retira a realidade dessas representações. Como dito anteriormente, é justamente a partir de suas experiências como alunas e alunos, pesquisadoras e pesquisadores, e professoras e professores em direito internacional que viveram e que conviveram com constrições sociais diversas que sugeriram diferentes formas de agir instrumental que os autores pretendem neste livro responder à pergunta finalística sobre a razão de se estudar o direito internacional hoje no Brasil.

Por isso, certamente se reconhece aqui a ausência de outros personagens que, apesar de não mencionados, também estudam o direito internacional e são ou foram confrontados diariamente com a pergunta acima formulada. Afinal, diplomatas, chefes de Estado, policy makers, jornalistas, advogados, membros de mecanismos de solução de controvérsias internacionais, são apenas alguns dos exemplos daqueles que, além de alunos, pesquisadores e professores, podem estudar o direito internacional e lhes atribuir alguma finalidade (ONUMA, 2016; ROBERTS, 2018; SCHACHTER, 1977). Contudo, não foram formulados nesta obra modelos aglutinadores deles exatamente por os autores não terem sido capazes, por enquanto, de lhes atribuir sentido significativo a partir de sua própria experiência na carreira acadêmica em direito internacional no Brasil contemporâneo. O que certamente não impede que, em futuras edições, tais modelos não possam ser eventualmente adicionados.

De todo modo, cabem ainda algumas considerações acerca do posicionamento dos autores como construtores de modelos de representação de cada um dos personagens aqui designados. Deve-se notar que as autoras e os autores se localizam categorial e intuitivamente dentro de posições consideradas como social e institucionalmente privilegiadas (cis-gêneros, brancos, entre outros) na sociedade brasileira (MOREIRA, 2017a, 2017b, 2017c).

Enquanto posicionamento ético, as autoras e os autores reconhecem que suas posições sociais privilegiadas talvez tenham dinamizado ações instrumentais diferentes das pessoas que não pertencem a grupos hegemônicos.

Todavia, entende-se que o fato de serem pessoas "de fora" das situações vivenciadas por não-cis-gêneros, não-brancos, entre outros, não retira a possibilidade de serem incluídos nos modelos instrumentais aqui formulados considerações derivadas de relatos vivenciados por alunas e alunos, pesquisadoras e pesquisadoras e professoras e professores em direito internacional que se encontram dentro de posições sociais tradicionalmente não privilegiadas na sociedade brasileira.

Não há aqui qualquer pretensão de usurpar um lugar de fala (RIBEIRO, 2017). Certamente as autoras e os autores das contribuições desta obra não vivenciaram, durante a carreira acadêmica, as mesmas constrições que pessoas que se inserem em grupos socialmente excluídos na sociedade brasileira. Todavia, adota-se nesta obra uma posição muito mais humilde, a qual deriva precisamente da condição de observadores participantes (LÉVI-STRAUSS, 1993, p. 40): a de aprender com aqueles que usualmente são marginalizados nas relações sociais e, com isso, também testemunhar tais exclusões, vocalizá-las e denunciá-las conjuntamente, com o objetivo de as combater. Trata-se de uma tentativa, certamente limitada, de "se abrir para se outrar", a partir de uma consciente - e (frise-se) conscientemente limitada - descentralização de perspectivas etno e egocêntricas (HABERMAS, 2004a).

Assim, enquanto participantes de uma sociedade desigual, as exclusões sofridas por qualquer de seus membros também nos impactam, nos importam e nos motivam a explicitá-las e a denunciá-las. Entendemos que, ainda que não tenhamos sofrido as constrições associadas a posições sociais e institucionais não-hegemônicas, com a ajuda das pessoas que as sofreram podemos identificá-las, nomeá-las e incluí-las dentro do quadro geral das pretensões desta obra, nos limites de compreensão que os autores conseguiram fazer.

Deste modo, dentro dos objetivos específicos desta obra, a partir de relatos de colegas coletados ao longo da carreira acadêmica vivenciada pelas autoras e pelos autores, procurou-se incluir ainda nos modelos condensadores de ações instrumentais as respostas derivadas das constrições adicionais que foram e são vividas durante a carreira acadêmica por alunas e alunos, pesquisadoras e pesquisadores e professoras e professores em direito internacional que não se encontram em posições associadas a grupos hegemônicos. Este é um primeiro passo. Fica aqui registrado o convite para maiores contribuições de outros acadêmicos de tais grupos em edições futuras desta obra.

O leitor poderá se perguntar se, diante das primeiras delimitações acima, a experiência singular ou dual pode ser considerada cientificamente relevante a ponto de ser significativa para uma reflexão acadêmica.

A reflexão consciente e metodologicamente consistente a partir da própria experiência ou de experiência relatada é um método usual nas Ciências Sociais. Com efeito, elas estão acostumadas a desenvolver uma reflexão academicamente rigorosa a partir de informações qualitativas obtidas e registradas, por exemplo, a partir de observação e de observação participante (GUEST, NAMEY &; MITCHELL, 2013, p. 75-112). Neste aspecto, o trabalho do cientista social consiste em identificar como essa experiência aparentemente particular não é isolada, mas atravessada pela incidência de distintas formas de agir e de pensar coletivamente gestadas (ALVES, 1987, p. 26; GIANNATTASIO, 2018a).

Ainda que não muito comuns, são conhecidas iniciativas similares e recentes na produção científica brasileira em Direito que, a partir de experiências particulares, escancaram diferentes camadas de incidência de aspectos sociais estruturais sobre as dinâmicas que indivíduos experimentam em seu dia-a-dia (CRUZ et al, 2008; MONEBHURRUN, 2020; MOREIRA, 2017a, 2017b, 2017c).

Mais do que de mero relato de anedotas pessoais com objetivo de simples desabafo catártico, tais iniciativas - como a presente - se articulam de forma deliberada para convidar os interlocutores a realizarem uma reflexão de caráter estrutural sobre a permanência de distintas formas de Poder (DELGADO, 1989, 2439-41). Isso porque se vislumbra em tais experiências individuais - se não idênticas, muito próximas - a permanência de obstáculos diversos derivados de determinado jogo de forças que constitui e que reproduz este campo intelectual no país e que, ao mesmo tempo, se constitui e se reproduz neste (e por este) campo intelectual (GIANNATTASIO, 2021).

Buscando compreender a complexidade que o tema suscita e encontrar um ponto comum com os leitores, os autores adotam como metodologia o chamado storytelling. Amplamente utilizado em estudos críticos em Direito na academia norte-americana (DELGADO, 1989; ESKRIDGE, 1994; EWICK &; SILBEY, 1995; ROEDER, 2015), esta forma de registro também aparece em produção acadêmica recente brasileira em diferentes ramos do Direito - como no Direito Antidiscriminatório (MOREIRA, 2017a, 2017b, 2017c, 2020) e no Direito Civil (CORRÊA, 2009). Na linha de iniciativas anteriores (GIANNATTASIO, 2020), pretende-se aqui estimular a adoção desta ferramenta também nos estudos sobre as condições que marcam o campo do direito internacional.

Redigir reflexões acadêmicas a partir de "meros relatos de experiência" se mostra como uma alternativa metodológica de registro ordenado de conclusões acadêmicas (DE CERTEAU, 1982). Dentre as diferentes estratégias de escrita, o storytelling é um formato que visa a suscitar nos leitores a identificação e o questionamento da existência, da influência e da persistência de determinada estrutura social a partir de elementos textuais que aproximam autor e leitor por meio de uma retórica que promove uma sensibilização entre os interlocutores (ESKRIDGE, 1996, p. 611; EWICK &; SILBEY,1995, p. 198 e 208-9).

Os autores que recorrem ao storytelling partem do pressuposto de que os seres humanos tendem a preferir narrativas a fatos e que os leitores relacionarão suas próprias experiências com as estórias dos personagens. Há um relativo consenso na literatura que o storytelling não possui padrões definidos (ANDREWS; HULL; DEMEESTER, 2010). No entanto, os autores preferem ordenar o desenvolvimento do trabalho utilizando a estrutura proposta por

Dan Gruen em seu artigo Beyond Scenarios: The Role of Storytelling in CSCW Design (CSCW '00, 2000)[1]:

1. Personagens com quem a audiência possa se relacionar;

2. Ambiente contextualizado;

3. Metas (o que o protagonista está tentando atingir e porque);

4. Causalidade;

5. Obstáculos (quais problemas o protagonista tem que superar para atingir sua meta).

A iniciativa aqui desenvolvida não foi livre de obstáculos. Ao lado dos dilemas enfrentados para "compartilhar experiências a partir de um contexto específico, seja pelo desafio de reunir ideias, reflexões e dúvidas em um só texto." a escrita em si mesma foi um dos principais desafios enfrentados pelas autoras e pelos autores desta contribuição: "Escrever esse texto não foi tarefa simples, [...] pela linguagem desafiadora para quem se acostumou com os trejeitos acadêmicos".

É evidente que a própria escrita da ciência do Direito se mostra um obstáculo para os estudos na área no país. Por um lado, a produção na área do Direito é ainda marcada por um discurso tradicional que evita - como uma das contribuições relata - "nivelar por baixo", pois ele conserva formas de expressão textuais que se associam, consciente e inconscientemente, a um hermetismo enigmático próprio dos lugares onde o Poder, a submissão e a exclusão se manifestam (QUEIROZ &; FEFERBAUM, 2012, p. 27-30).

Por outro lado, uma abordagem contemporânea mais preocupada com a inteligibilidade mais ampla de textos jurídicos por meio da linguagem e da escrita científicas, a academia em Direito recorre a um discurso que, em nome

---

1   In   http://alumni.media.mit.edu/~brooks/storybiz/Techreport%202000.02. PDF. Acesso em 25/10/2018.

da transparência e da cientificidade, por vezes recai no ensimesmamento da Ciência que se mostra incapaz de se fazer entender e inapto para, por si só, ser divulgado a leitores não experts. As dificuldades de a Academia se fazer entender para além da Academia não é nova (HABERMAS, 2004b, p. 140-5), mas nos últimos anos tem encontrado barreiras e resistências políticas com consequências sensíveis.

Nesse sentido, recorrer a formas alternativas para expressar conclusões científicas se mostra interessante. Na percepção de algumas autoras e alguns autores desta contribuição, o storytelling representa, na própria forma de escrita, "um método alternativo de escrita que tem ganhos pedagógicos bem grandes", o qual poderia ser "populariz[ad]o na academia brasileira". Afinal, mais do que simplesmente ser um modo "lúdico e pedagógico" que, na expressão dos participantes desta obra, torna o escrever "muito legal", ou mesmo, um ato no qual "[h]á muito tempo não sentia tanto prazer" o storytelling se mostra "como a oportunidade de perguntar pode ser estratégica para transformar: o ensino jurídico, o direito, o engajamento em sala, a própria docência e, por que não – e principalmente, as pessoas.".

Por fim, é importante notar que este texto é fruto da conjugação de 2 (dois) projetos de pesquisa atualmente em curso, dos quais os coordenadores e a maior parte das autoras e autores desta obra participam ou participaram.

O primeiro deles é o projeto Novas Metodologias de Ensino em Direito: O Estudo de Caso nos Cursos de Graduação e Pós-Graduação em Direito Internacional, iniciado em 2016, em parceria entre a Faculdade de Direito da Universidade Presbiteriana Mackenzie (FD/UPM) e a Escola de Direito de São Paulo da Fundação Getulio Vargas (FGV DIREITO SP), com financiamento, professores, pesquisadores e alunos das duas instituições. Atualmente o projeto se desenvolve em parceria entre a FD/UPM e o Instituto de Relações Internacionais da Universidade de São Paulo (IRI/USP), sob a denominação Casos Didáticos no Ensino Interdisciplinar do Direito Internacional: Teoria e Prática, conta com professores, pesquisadores e alunos das duas instituições, e além de financiamento por parte da USP no período 2020/2021.

O segundo deles é projeto Direito Internacional e suas críticas: (re) contextualizações a partir do Brasil, iniciado em 2017 em uma parceria entre da FD/UPM, a FGV DIREITO SP e a Universidade Federal do Rio Grande do Sul (UFRGS), com professores, pesquisadores e alunos das três instituições. A partir de 2019 o projeto incluiu também o IRI/USP - com alguns de seus professores, pesquisadores e alunos desta instituição.

É nesse sentido que a presente obra se mostra mais do que um simples exercício literário por parte de juristas brasileiros preocupados com o direito internacional. Ele retrata um arcabouço (longo, e em curso) de pesquisa sobre métodos alternativos de ensino, de pesquisa e de abordagens teóricas que se orientam no sentido de pensar integralmente formas novas de entender a pergunta formulada no início desta Introdução. O formato das conclusões apresentadas no Capítulo a seguir não deve, assim, desconcertar: ele se mostra como mais uma iniciativa destes projetos que, em conjunto, visam a estimular reflexões sobre as condições de ensino, de pesquisa e de formação em direito internacional no Brasil.

Boa leitura!

São Paulo, 9 de Agosto de 2021.

Arthur Roberto Capella Giannattasio

Douglas de Castro

"NIVELANDO POR BAIXO": CIÊNCIA DO DIREITO... INTERNACIONAL?

Arthur Roberto Capella Giannattasio

Douglas de Castro

Enfim, o 9º semestre chegou! Para ser sincero, não aguento mais assistir às aulas. Se pudesse iria somente no dia das provas, mas, como tem alguns professores que fazem a chamada, preciso estar presente... "Me pergunto por que muitos deles colocam com tanta força o pé em nosso diploma?", resmungou comigo um colega, enquanto confirmávamos no quadro de avisos o número da sala para onde deveríamos nos dirigir. "Afinal, não tem nada de muito diferente do que estou vendo no estágio. Para que perder tanto tempo em sala de aula?", ele completou no caminho, mastigando seu pão de queijo com ketchup.

Esse não é o tipo de pensamento que usualmente tomou a minha mente. Na verdade, sempre tive muita sede de conhecimento... Horas e horas de estudo no ensino médio, no cursinho, além de tantas festas familiares às quais não compareci para ser aprovado no vestibular. Mesmo nos primeiros semestres da Faculdade - e mesmo depois, quando precisei alternar as horas de estudos com as horas para o estágio, minha sede de conhecimento não tinha desaparecido. Em épocas de prova, inclusive, jamais deixei de me dedicar: muitas vezes dormi 30 minutos, de um dia para o outro, para terminar de ler minhas anotações para a prova no dia seguinte. Acho que deve ser o cansaço do corpo.

Quando se entra na faculdade algumas frases são ditas como mantras. Elas variam um pouco, mas, na sua essência, permanecem indicando os desafios do ambiente universitário: "Entrar na faculdade é fácil, o difícil é sair!", "Se você passar do 5º ou 6º semestre, você termina!" - sempre me perguntei sobre esse marco imaginário, do qual todos têm medo, ou mesmo, da parte de amigos que entraram em universidade pública, "Se não tiver muitas greves, você provavelmente se forma em 5 anos.".

A verdade é que ninguém te prepara no ensino médio para o ambiente universitário. Muitos dos meus colegas de classe ao iniciar a faculdade continuavam com a mesma mentalidade - estudar para passar nas provas, agradar os pais que já eram advogados, juízes ou promotores e pegar o "canudo". Quando não desistiram do curso logo no início, por perceberem - ou lembrarem - não ser a graduação em Direito a formação que esperavam. Alguns teriam ido até mesmo para mundos completamente "estranhos" ao Direito, como Medicina. Fosse Jornalismo ou História - ou mesmo Economia!, eu entenderia.

Seja como for, talvez por ser um pouco mais velho do que a média dos meus colegas, eu sempre pensei um pouco diferente. Desde o início eu estive realmente interessado em ter uma profissão e, como não tinha nenhum familiar formado em Direito que pudesse me dar as dicas ou alavancar a minha carreira, precisei cedo contar exclusivamente com meus esforços pessoais e com as pinceladas da erudição e do saber dos professores.

Uma das disciplinas que mais me captou o interesse foi a Introdução ao Estudo do Direito - que em algumas universidades é chamada de Teoria Geral do Direito e Direito Civil I. Os debates sobre integração normativa, fontes do direito, a lei no tempo e espaço, direito objetivo e subjetivo, hermenêutica, aspectos sociológicos do direito, dentre outros temas, capturavam a minha atenção. Apesar de discussões abstratas, era fácil perceber a realidade delas - lembro muito bem conversas de final de ano com familiares em que problemas da vida real pareciam sem solução. Como não devorar os livros indicados pelo professor e buscar fontes adicionais para entender meu mundo?

Ouvi relatos semelhantes de colegas, enquanto avançávamos nos demais semestres do Curso: "Finalmente, vamos estudar Direito de verdade!" ou mesmo "Agora sim teremos Direito Penal!" - alguns trocavam por Processo Civil ou Processo Penal. A motivação aumentava para cada um, a partir daquilo que sentia como sendo concreto para ele mesmo, de acordo com seu próprio interesse ou vivência. No início do Curso, o cansaço do estágio não parecia diminuir o fascínio do primeiro encontro com as soluções práticas que as disciplinas davam aos diferentes dilemas da vida real de cada um de nós. "Foi para isso que viemos para a Faculdade, certo?" lembravam alguns.

Dois sábios conselhos da minha primeira semana de aula sempre martelaram minha cabeça. Tive a oportunidade de lê-los entre muitos - em verdade, não tão sábios - dizeres à caneta no verso da porta de uma cabine do banheiro: "Nunca se esqueça de como você chegou até aqui: $\Delta = b^2 - 4ac$ / $1s^2 2s^2 2p\ 6$ ... / briófitas, pteridófitas, gimnospermas, angiospermas / cadeia trófica", e, ao lado de uma discussão em torno de times de futebol, "só mesmo na Faculdade de Direito para se discutir tais frivolidades".

Minha jornada na dogmática jurídica se iniciou desta forma. De um lado, com o alívio de me livrar de matérias do ensino médio que não me interessavam e que em nada mais me importariam para estudar e aplicar o Direito. De outro lado, com a incerteza de que o estudo das coisas que eu e meus colegas julgávamos tão importantes e reais não pudessem passar, no limite, de frivolidades.

Agora, no 9º semestre, mesmo sem resolver a contradição entre alívio e incerteza - que eu partilhava com muitos de meus colegas, o foco agora é, sem sombra de dúvida, absorver o mais importante para passar na OAB e nos concursos públicos. A duras penas consegui colocar em dia as mensalidades com o recebimento do 13º salário no final do ano passado e, neste momento, novos desafios se mostraram: horas de estágio obrigatório, exame da OAB e trabalho de conclusão de curso que, somados com as disciplinas obrigatórias, me fizeram sentir saudades dos primeiros semestres. Nem levava mais em consideração alguns aspectos que me acompanharam durante todo o curso: acordar cedo, pegar o trem da CPTM para o trabalho, cujo horário era das 9 às 17 horas, pegar o ônibus para a faculdade, comer um cachorro quente antes de entrar na aula e depois de assistir às aulas até as 22:40 horas, pegar o trem para casa, que em condições normais e sem atrasos, conseguia chegar por volta das 23:45 horas.

Não quero dar ênfase neste ponto, pois me parece que boa parte dos outros estudantes, ao menos os que eu conheço e me relaciono, vivem esta realidade todos os dias. Aliás, lembro-me de uma visita que fiz a um parente em Minas Gerais no ano passado, em que uma prima relatou situação semelhante. Ao conhecer algumas universidades públicas nessa viagem, fui egoísta ao pensar que aqueles alunos não tinham ideia dos desafios que eu e minha prima enfrentávamos para conseguir terminar o curso de Direito. Esse sentimento logo passou quando lembrei que todos temos desafios, que podem ser iguais ou diferentes, mas, que cada um sabe o quanto tem que se esforçar para superar. Lembrei da última aula na escola dominical: "Não julgueis para que não sejais julgados" e "Com a mesma medida de julgares, serás julgado".

Uma vez na sala de aula, além das conversas costumeiras com os colegas depois das férias de janeiro, o principal sentimento é a curiosidade sobre a primeira disciplina a ser cursada, sobre quem e como é o professor dela, e se teríamos alguma novidade ou surpresa na grade horária. Enquanto alguns alunos se antecipavam e viam essas informações no sistema de inscrições da Faculdade antes do início das aulas, eu sempre preferi me deixar surpreender e descobrir tudo ao longo de cada dia da semana. A falta de tempo no dia-a-dia também sempre me ajudou a não gastar muita energia para "escolher" o professor ou modificar meu horário.

O professor da primeira aula apareceu pontualmente. Sem muitas palavras, ele se apresentou colocando o seu nome e a disciplina no quadro negro: Direito Internacional Público. Primeiro estranhei o nome da disciplina - ri por dentro ao lembrar um comentário que meu tio fez num almoço de família – não lembro o contexto: "se tem o adjetivo 'internacional' deve ser chic". Em seguida, recordei as primeiras aulas de Introdução ao Estudo do Direito e imediatamente associei a informação à breve discussão que tivemos sobre os ramos do Direito: o Direito Internacional Público - que passei a chamar de DIP. O que me esperaria?

"O senhor não vai nos dizer o que faz?", perguntou uma colega que, desde o 1º semestre, se senta na primeira fileira. "Todos os professores se apresentam e informam se são advogados, juízes, delegados, ...". Em silêncio, aparentemente todos assentiram com o olhar e com movimentos aquiescentes da cabeça. Sem cerimônia, o professor respondeu: "Aqui está o link do meu currículo Lattes para aqueles que quiserem ou se interessarem por saber mais o que eu faço". Será que isso é coisa de professor de DIP?

Não foi a primeira vez que ouvi falar desse tal de "currículo Lattes". Há alguns meses ele foi um tema popular em notícias que, de forma desencontrada, eu li e organizei mentalmente durante o horário de trabalho. Debates acalorados envolvendo a nomeação e a exoneração de Ministros por causa de informações irregulares publicadas na Plataforma, ou mesmo acerca do incêndio dos servidores que guardavam as informações que pesquisadores brasileiros ali inseriam. Mas não sabia que pessoas reais, próximas a mim, poderiam ter um currículo Lattes. E muito menos imaginei que professores de Direito poderiam ou desejariam ter algum perfil registrado ali - afinal, além de dar aula, trabalhavam, e certamente não como pesquisadores.

Enquanto o professor escrevia algumas informações iniciais sobre a disciplina daquele semestre, pesquisei na Internet sobre o Lattes de alguns de meus professores. Nem todos tinham um perfil cadastrado na plataforma, mas muitos mantinham um registro desatualizado. Até mesmo um professor que falecera no ano anterior tinha um perfil atualizado poucos meses antes de sua morte. Encontrei rapidamente o currículo do professor de DIP: publicações de artigos e livros (no Brasil e estrangeiro), participação e organização de congressos, diplomas de graduação, mestrado e doutorado em DIP, atividades de pós-doutorado e professor visitante, pesquisador em núcleos de pesquisa e projetos de pesquisa em DIP... Depois veria com calma todas as informações.

"É um frustrado, certeza", sussurrou ironicamente um colega ao lado, depois de olhar rapidamente as mesmas informações. "Para ser só professor, é porque não conseguiu passar em qualquer concurso. Veja: nem diplomata conseguiu ser, que é a área dele! Por isso, está aqui dando aula para a gente. A Faculdade está mesmo nivelando por baixo...". "Pelo menos ele estuda DIP", disse outro colega, menos mordaz e com um tom (um pouco) menos desconfiado, porque "a turma da sala ao lado vai ter DIP com um professor que é advogado tributarista, que está tapando buraco do professor de DIP que foi mandado embora no semestre passado.".

Resolvi não dar mais atenção às conversas e passei a ouvir o professor e a ler as informações que ele escreveu no quadro negro. Além de explicar um pouco sobre o que seria a disciplina - alguma coisa sobre relação entre estados, fronteiras, ONU e tratados, ele indicou a bibliografia básica:

ACCIOLY, Hildebrando. Manual de direito internacional público. São Paulo: Saraiva, 2008.

BOSON, Gerson de Britto Mello. Direito internacional público: o Estado em direito das gentes. Belo Horizonte: Del Rey, 2000.

REZEK, José Francisco. Direito internacional público. São Paulo: Saraiva, 2008.

O modo com que o professor falou dos manuais deu a impressão que ele preferia um deles - claramente, sem explicitamente dizer que não concordava com os outros dois. A turma aparentemente gostou da escolha, porque imediatamente recebi uma mensagem no grupo eletrônico da sala uma versão em PDF (e ainda, mais atual!) do Manual preferido pelo professor. Alguém tinha encontrado na Internet o livro, o que tornou ainda mais interessante a disciplina, pois isso significava menos gasto de dinheiro com livros ou de tempo nas longas filas de espera da biblioteca.

Em seguida, o professor comentou que indicaria uma bibliografia complementar para quem quisesse se aprofundar em discussões na área, alertando que parte dela seria de autores estrangeiros e escritos em outras línguas, e que, por isso mesmo, seriam cobrados de maneira voluntária ao longo do semestre:

ONUMA Yasuaki. The Birth of International Law as the Law of International Society, Proceedings of the Annual Meeting of the American Society of International Law, v. 94, p. 44, 2000.

TOURME-JOUANNET, Emmanuelle. Le Droit International. Paris: PUF, 2013.

WEIL, Prosper. Towards Relative Normativity in International Law?, American Journal of International Law, v. 77, n. 3, p. 413-42, 1983.

Fiquei aliviado em saber que esses textos não eram obrigatórios. Mesmo havendo um exame de inglês no vestibular, nunca me senti seguro durante a Graduação para tentar ler textos que exigissem um conhecimento mais sólido de inglês - ou de qualquer outro idioma. Claro, alguns colegas tinham mais facilidade com línguas por causa de cursos pagos durante o ensino médio ou por terem alguma ascendência estrangeira. Outros buscaram compensar essa insegurança durante a Graduação com cursos complementares de Inglês Jurídico ou algo do gênero. Mas nunca vou me esquecer da revolta de muitos colegas - incluindo eu mesmo, que assinei o mesmo requerimento coletivo - durante o 3º semestre, quando o professor de Direito Penal cobrou da sala um texto de um autor alemão traduzido para o espanhol.

Outras questões me chamaram a atenção na lista dessas obras complementares, antes do final da aula. Primeiro, a diferença de "nacionalidades" nos nomes dos autores - um nome japonês, outro francês e outro algo entre alemão e francês, o que seria esperado de "disciplinas chics", como anunciado pelo meu tio. Creio que foi uma das poucas oportunidades em todo o curso que eu fui convidado a sair do "quintal de casa" e ler autores não-brasileiros. Segundo, que dentre os autores se encontrava claramente o nome de uma autora mulher - algo incomum nas indicações bibliográficas de outras disciplinas em todo o curso, apesar de termos algumas mulheres dentre o corpo docente. Terceiro, que nem todos os textos complementares eram livros, mas artigos ou palestras, o que também não era usual. E quarto, pela curiosidade do título de um dos textos, a ideia de que poderia haver uma "normatividade relativa" no Direito. O que seria tudo isso?

"DIP é a Matemática do curso de Direito!". Esse era o comentário de alguns de meus colegas após a entrega das notas da primeira avaliação em DIP: "Muito abstrato, muito distante, muito difícil. Intocável." Mesmo aqueles que tinham recebido uma nota alta pareciam não se contentar com o resultado: poucos pareciam perceber o DIP no seu dia-a-dia - um assunto para poucos, para as confidências das alcovas, para os famosos segredos de estado que usualmente vemos em filmes, séries e livros. Entre os mais entusiasmados, alguma coisa como "não é incrível? Agora finalmente podemos assistir a noticiários internacionais e entender alguma coisa!" era repetida nos intervalos de aula.

Alguns exaltavam com nostalgia antigos sonhos perdidos ao longo da Graduação: "Mas só agora estamos tendo esses temas? Entrei na Faculdade querendo ser diplomata, mas agora parece algo tão longe...", enquanto que outros se motivaram a retomar projetos não diretamente relacionados com a disciplina: "DIP me fez lembrar o quanto eu gostava de estudar línguas e conhecer novas culturas. Talvez eu possa voltar para as aulas de italiano e fazer um curso de direito concorrencial lá fora".

De minha parte, algo na disciplina me entusiasmou. Mesmo sem entender completamente o que ou por quê - como poderia existir um Direito que poderia ser abertamente deixado de lado por um estado, por que criaram a ONU, já que ela não pode punir militarmente estados soberanos?, entre outras questões, algo na disciplina me chamou a atenção. "Você está iludido", insistiram alguns colegas, de olho no calendário, "e se continuar assim, vai perder muito tempo lendo sobre uma matéria que tem pouco peso na OAB.". Sem dar ouvidos aos meus colegas, passei a questionar então qual o sentido de um "direito" que não estava associado à uma punição direta e de cima-para-baixo que aprendi desde o primeiro semestre da faculdade.

Confesso que tive a alegria em saber que não teríamos na disciplina DIP e Direito Internacional Privado ao mesmo tempo: como em apenas 15 encontros compatibilizar o mínimo de cada matéria? O professor havia deixado bem claro que seriam ramos do Direito diferentes e amigos de outras Universidades já tinham mencionado algum tipo de desapontamento quando as duas matérias eram dadas conjuntamente - porque, de acordo com seus professores, eram "quase a mesma coisa", não havendo razão para as separar.

Ao mesmo tempo, ainda me perguntei sobre qual seria diferença entre DIP e Relações Internacionais. Amigos do ensino médio fizeram a opção por este outro curso e me perguntaram o que eu aprendi. Apesar das diferenças - lá eles tinham muita teoria, penso que as conversas foram bem próximas. Por que haveria uma diferença entre Direito Internacional e Relações Internacionais?

De forma intuitiva, me aproximei de leituras na área de Relações Internacionais. Uma que me ajudou bastante foi A Legitimidade e outras Questões Internacionais: poder e ética entre as nações, cujo autor é Gelson Fonseca Jr. (Ed. Paz e Terra). Confesso que percebi o encaixe do conhecimento se descortinando na minha frente: percebi que o estado de natureza hobbesiano que estudei no primeiro semestre (O Leviatã de Thomas Hobbes) ajuda explicar o sistema internacional: estados com igualdade funcional devido à soberania sem uma autoridade superior, ou seja, uma sistema internacional caracterizado pela anarquia (até relembre a célebre frase "o homem é o lobo do homem", que confesso tinha dado mais atenção ao escutar a música da Pitty - O Lobo). Aha! O direito internacional então é somente um dos mecanismos de ordem do sistema e tem que lidar o tempo todo com as relações de poder entre os estados, que de tempos em tempos mudam e se ajustam (no jargão das relações internacionais, a balança de poder).

Seja como for, também estava motivado pela disciplina tão estranha e, em vez do meu usual fichário, comprei um caderno só para a disciplina com dizeres na capa propícios para ela: Amor, Solidariedade e Paz. A mim pareceu que DIP tinha alguma coisa a ver com tudo isso, apesar de colegas de sala insistirem que DIP era simples, pois "manda quem pode, obedece quem tem juízo.". Mesmo sem saber se ou até que ponto eu concordava com essa conclusão, continuei a me dedicar para as atividades da disciplina.

"Por que você não faz uma Iniciação Científica?". Essa proposta do professor me estremeceu por instantes. E isso, não apenas porque ele me fez a pergunta em voz alta, na frente de todos os colegas - o que, por si só, já teria me desconcertado, já que sempre odiei ser o centro das atenções. E também, não apenas porque essa pergunta veio logo após uma resposta minha a uma questão formulada pelo professor para a sala, à qual poucos prestaram atenção. Havia outras questões internas que eu nem mesmo soube nomear imediatamente.

A pergunta feita anteriormente pelo professor apontava para uma discussão que eu apenas intuitivamente eu associava ao Direito Internacional. Ao falar sobre domínios territoriais fluviais, o professor abordou o tema de rios internacionais e disse que entender um pouco melhor sobre como o DIP regulava o tema era determinante para pensar (ou repensar) o nosso modo de vida. Ao perguntar à sala (ao menos retoricamente) o por quê, sem pensar muito, disse em voz alta que impactos ambientais relacionados ao mau uso de rios internacionais poderiam afetar o solo, os microorganismos e diferentes cadeias tróficas, não apenas de um estado, mas de todos estados banhados por tal rio.

"Pode ser" foi minha resposta, ao baixar os olhos e brigar com o meu rosto que se avermelhou. Diante disso, o professor continuou sua aula e, diante de meu comentário, apresentou algumas informações e conceitos sobre Direito Internacional do Meio Ambiente e disse - olhando para mim - que era uma importante área de estudos à qual futuros juristas brasileiros deveriam se dedicar. Senti uma pontada de alegria (e de tristeza também) ao perceber que lembrava algo do ensino médio, mesmo depois de tanto tempo. Mais do que isso, ao perceber que, mesmo depois de tanto tempo, esse conhecimento continuava a ser importante para o curso de Direito - e que DIP poderia ser um dos espaços para retomar minha sede de conhecimento.

Ao final da aula, apesar da insistência do olhar do professor enquanto eu arrumava meu material, eu não o procurei. E não o procurei até o final do semestre, nem até o final do curso. Se inicialmente minha desculpa para mim mesmo era que eu não poderia perder o horário para pegar o trem para retornar à casa, aos poucos percebi que não foi exatamente isso que me impediu de conversar com o professor - afinal, eu poderia ter enviado um email para ele e agendar uma conversa. Nem as desculpas usuais - estudar para a OAB, escrever um TCC, atividades do trabalho - teriam sido a verdadeira desculpa de meu "desinteresse".

Até o final do semestre fiquei sentado ao fundo da sala de aula - assim eu passaria despercebido. Mas foi útil ver que DIP se relacionava com cada uma das disciplinas que vimos ao longo do curso: Direito Constitucional, Direito do Trabalho, Direitos Humanos, Direito Penal, e mesmo Direito Civil! Ainda que não tenhamos tido muitas oportunidades de aprofundar todos os temas, foi no mínimo surpreendente perceber o quanto o professor se esforçava para mostrar, por meio de trabalhos e atividades em sala de aula, como DIP aparecia em outras disciplinas do Direito e fora do Direito, e como DIP precisava ser visto como algo próximo de nosso dia-a-dia.

O desconcerto daquela proposta se prolongou dentro de mim por semanas - e, por que não, por meses e anos. Se eu pudesse dizer em poucas palavras a razão do desconcerto, eu diria simplesmente hoje que a proposta revelou para mim que DIP era e não era para mim.

Por um lado, a proposta feita pelo professor teve o poder de me fazer lidar com o assombro de me encontrar a mim mesmo - era, de fato, a área do Direito com a qual eu mais me identifiquei em todo o Curso. O professor teve a esperteza em perceber que eu de fato me interessei pelas discussões - seja pelas dúvidas ao final da aula, seja pelos textos que lia, seja ainda pelas notas que eu obtive na matéria. Mas, ao nomear em alto e bom som que eu deveria fazer uma Iniciação Científica, sobre mim foi despejado um peso com o qual eu não soube lidar - o peso de me reconhecer e de me aceitar como alguém interessado por estudos internacionais e interdisciplinares.

Por outro lado, como eu poderia me inserir em uma carreira em DIP? Nunca ficou claro para mim o que eu poderia fazer além de pesquisa em DIP. Eu deveria "nivelar por baixo" e apenas estudar para me tornar… professor de DIP? Não valeria mais a pena, se eu quisesse realmente estudar DIP, querer virar diplomata ou tentar trabalhar na ONU? Se eu começasse, no 9º semestre, uma Iniciação Científica, quanto tempo isso iria me custar, tendo que abrir mão de atividades que já faziam sentido para mim (trabalho, estudar para OAB e outros concursos) e que me garantiam já alguma renda? Mais do que isso, eu precisaria compensar alguns atrasos e me dedicar a série de atividades paralelas (cursos de idiomas, assistir como ouvinte aulas de DIP em outras universidades) e principais (mestrado, doutorado, publicar textos) que tomariam muito meu tempo e sobrecarregariam meus pais.

Onde residiria minha maior frustração? Não saberia responder.

A FLOR DA CIVILIZAÇÃO E AS CONTRADIÇÕES DA VIDA ACADÊMICA

Odara Gonzaga de Andrade

Renan Moutropoulos Fortunato

PARTE I – "DUAS COISAS QUE NÃO DECIDI ACABARAM DECIDINDO MINHA VIDA: O PAÍS ONDE NASCI E O SEXO COM QUE VIM AO MUNDO."[2]

Quem sabe o que busca - quem sabe mesmo, de verdade - sabe onde tem que buscar. Era o meu caso. Ou, pelo menos, foi o meu caso. Naquela época, dentro do ônibus abafado, com cinco horas de viagem na bagagem, eu finalmente estava me mudando para São Paulo. Nos fones de ouvido qualquer música melancólica ao fundo. Acho que o chiado era de alguma música do Milton Nascimento ou eram os Beatles? Talvez de Elba Ramalho? Não me importava.

---

2   BELLI, Gioconda. O país sob minha pele: memórias de amor e de guerra. Rio de Janeiro: Record, 2002

Era em vão, nada me distraia mais do que aquele ecstasy de estar indo para Pasárgada, afinal, "lá a existência é uma aventura".[3]

No meio do ar abafado, meu suspiro: de alívio, medo ou ansiedade? Seria falta ou excesso de ar em meus pulmões? Não me recordo muito. Um tremelique me acompanhou a viagem inteira (ou seria a vida inteira?). Faltava um mês e quinze dias para eu fazer dezoito anos. Nada muito resolvido dentro de mim, mas tudo estava indo para onde tinha que ir ao mesmo tempo. Descobrir, esse era o motor que me fazia efervescer. Lembro que já estava na metade da viagem quando o ônibus fez uma parada, cerca de três horas depois de eu dei um abraço em meus pais - que me fitavam com olhos de preocupação e orgulho -, desci e comi um salgado qualquer dando pequenos goles em um café morno. Qualquer outro dia, eu reclamaria bastante desse café: quem toma café morno? Ou se é quente ou se é frio.

Quente ou frio. Ou vai ou fica. Ou se voa ou se mantém preso ao chão. Ainda que um movimento desses seja pequeno, era o meu movimento. São Paulo foi a escolhida por mim. Seria eu a escolhida dela?

A cidade é o El Dorado de muita gente, e era meu caso, é onde eu poderia finalmente encontrar as respostas sobre "o que fazer?". Era lá que eu teria contato com uma vida política intensa e disposta a abrigar todas as transversalidades que nos constituem; eu, finalmente, deixaria a vida pacata de lado. E não é que eu não gostasse do interior, não. É só que eu finalmente teria um lugar onde eu poderia estar mais perto das respostas das perguntas que me trouxeram até aqui: como responder os nós que apontam na garganta quando se pensa em nossa conjuntura social? Como dar respostas aos engasgos que me acometiam quando eu entrava em contato com todos os dogmas que me criaram? Resolvi fazer dar insumos a essa busca, eu iria estudar Direito. Esse filme passou na minha cabeça cerca de três vezes a viagem toda. Era dia três de março de 2014. Faltava pouco mais de um mês para eu fazer dezoito anos. Dezoito anos. Um

---

3   BANDEIRA, Manuel. Vou-me embora pra Pasárgada. In: _____. Poesia completa e prosa. 4. ed. Rio de Janeiro: Nova Aguilar, 1985. p. 222.

mais oito é igual a nove. "ufa, a numerologia estava em meu favor. Múltiplos de três. Três é meu número de sorte." Pensava e repensava.

Abri mais uma vez o aplicativo do banco. O saldo não era grande, mas, com sorte, me seguraria as pontas por três meses na capital. Meter a cara na vida pede isso, que a gente faça o que quer, mas da maneira que se pode: trabalhei nas lojas da minha cidade por um ano todinho para pagar todas as despesas relativas à mudança, tudo para ter um começo de vida universitária mais tranquilo. Com sorte, consigo algum apoio da faculdade para ficar sossegada mesmo. Mas quem precisa de tanta resposta se é questionando que a gente se movimenta? FIES, PROUNI? Quem saberia? Pensava: "Vou atirar para todos os lados, ver o que eu consigo. Se não conseguir nada? Bem, daí é voltar para os balcões das lojas de shopping, mesmo não sendo o que eu realmente queira".

Sem muita ou nenhuma certeza sobre meu futuro, estava entusiasmada. A cada quilômetro mais perto da cidade, mais ânimo e energia me acometiam. Repassava todo meu plano. E, no meio dele, me revoltava. Afinal, qual é o plano a não ser ter plano nenhum e conseguir minha autonomia? Naquela época, mais do que a escolha pela faculdade, a escolha pela cidade me colocava em um único lugar possível: o estranho. Via naquela estranheza alguma beleza, a beleza de poder ser em qualquer que sejam minhas contradições. A beleza de poder entender o que eu sentia diante de tantos assuntos, desde minha orientação sexual até toda a condição de classe, gênero, e regionalidade que me acompanhavam. Quem eu seria nesse mundo vasto tão vasto que me perco procurando solução?

Emergi desses pensamentos logo que o ônibus entrou na Marginal Tietê. A abrupta mudança de realidade que se tem quando se sai da muito verde Rodovia dos Bandeirantes e se cai em uma das mais movimentadas avenidas do país refletia o meu interior. Minhas preocupações cederam espaço para uma versão mesmerizada de mim que não estava sincronizada com o ritmo dos carros da cidade. Aquilo que chamavam de "civilização" pulsava no concreto que revestia a maior parte da cidade. Eu não sabia direito o que era aquilo, na verdade, mas tinha certeza que alguém tinha se enganado, a civilidade não haveria de ser caótica daquele jeito.

Mesmo assim, nesse território vivo de oportunidades, tento me estabelecer. De lá pra cá, muitas mudanças. Da janela do ônibus, vejo um vai e vem de gente. Um zum-zum-zum coletivo que contorna toda a dura paisagem. Daqui, fico mais próxima do que eu quero seguir uma vida inteira.

Aquela passagem súbita de realidade, óbvio, que se refletiria também na minha rotina. Agora, morando sem meus pais, eu estava obrigada a virar adulta, a pegar o touro da vida pelos chifres e tentar, ao máximo, domá-lo, colocar o bicho no caminho da vida que eu queria seguir. Como articularia essa rotina frenética à sua adaptação e aos seus estudos? Será que era mesmo a escolha certa? Agora não tinha mais volta. Ao mesmo tempo, teria feito eu uma escolha ilusória? Seria eu uma tropicalista frustrada? Sei lá, a gente, às vezes, só quer espaço para ser quem é. Aqui tinha espaço de sobra.

Do vestibular à aprovação tinha sido um caminho longo. Fiz a prova do vestibular e, finalmente, ingressei, na faculdade de Direito. A partir desse dia, um novo mundo se abriu para mim. Por enquanto, a esperança alimenta a ideia de poder cumprir com o pagamento da dívida do estudo. O acesso a um curso de graduação não é novidade em minha vida, tampouco em minha família. Novidade, mesmo, é a tomada de contato com um grande centro urbano para se seguir nessa ideia. Por causa disso, o primeiro e grande compromisso seria ingressar em algum estágio remunerado e procurar, dentro da faculdade, algum programa para permanência de estudantes.

Procurando, achei um grupo de recém-ingressos no curso, ou os bichos ou calouros, e nele, havia os que já estavam cursando. Estabeleci, ali, minhas primeiras microrrelações na Faculdade para conhecer o meu possível futuro ambiente. De pronto, algo muito nos conectava e algo muito nos distanciava. Conectava-nos pelo curso, pelas vontades, pelas inquietações. Distanciava-nos pela cultura, pela região, pela criação. Às vezes, pela classe, pelo gênero, pela raça e pela orientação sexual. Nesse caldeirão das relações sociais, notei que alguns nós na garganta se dissolviam, talvez pela liberdade de estar longe de casa e começar tudo novo de novo e outros, tomavam outros rumos. Esses rumos se guiam pelas tradições. Tradições que tanto tentei fugir, saindo de lá e decidindo vir pra cá. Ou, pelo menos, pensei que teria fugido.

Tudo que parece um sonho se alimenta de uma certa distância que nos afasta dos percalços da materialidade e talvez é ele - o sonho, os sonhos - que nos movimenta. Nos dogmas que atravessavam minha criação não caberiam tamanha necessidade de fala. Essa necessidade que me trouxe até aqui. Na busca de algum espaço para dizer o que eu tinha vontade de dizer e enfrentar a tradição cristã que capitaneava meus sentidos. Daí, os meus pés caminham em ritmo para concretizar todo o movimento que almejo: pesquisar como forma de enfrentar meus silêncios e silenciamentos.

Após alguns minutos rodando pelas ruas cinza, o ônibus entrou na rodoviária e parou na plataforma de desembarque. Fiquei esperando o motorista e o seu ajudante descerem todas as bagagens do compartimento do ônibus. Parecia que a minha nunca mais chegaria, era uma atrás da outra: senhorinhas, rapazes e famílias se aprochegar da lataria aberta para pegar as suas após entregarem o papelzinho com o número da bagagem, e a minha continuava lá, inerentemente esquecida na escuridão no porão do ônibus.

Quando finalmente chegou a minha vez, eu peguei a mala - que estava inchada, pesada, com roupas e algumas quinquilharias pequenas que eu empregaria no meu novo quarto - e comecei a subir as escadas rolantes da rodoviária, da Rodoviária Tietê, mais especificamente. Era muita gente em um espaço enorme que nada tinha a ver com as rodoviárias que tinha frequentado no interior quando ia e vinha de jogos ou passeios. Ficou surpresa quando viu que tinha até algumas empresas que operam trechos para outros países da América do Sul.

Enquanto ia em direção à bilheteria do metrô, aqui, São Paulo esgarçou a minha noção de pobreza. Os habitantes da cidade pareciam completamente indiferentes e alheios às várias pessoas que não tinham literalmente nada além de um cobertor e a roupa do corpo e pediam moedas dentro da estação. Enquanto isso, essas imagens ensinavam a mim o que era, de verdade, à miséria.

Chegando na bilheteria, enfrentei uma fila demorada para comprar um bilhete pequenininho por um preço grandão. Passei pela catraca e comecei a olhar o mapa da malha metroviária da cidade. Eu já tinha pesquisado e conversado com o pessoal com quem moraria, teria de descer em alguma estação do centro, República ou Higienópolis-Mackenzie, depois era só seguir o mapinha que tinham me mandado. Demorei um tempo para entender aquela amálgama de tracinhos coloridos que se interseccionam, onde estava e como mudava da linhazinha azul para a amarela ou vermelha. Depois de um tempo, entendi como tudo funcionava e percebi que o metrô era facinho de navegar, só tinha muita informação junta, só.

Não demorei muito para chegar ao meu destino, achei a viagem confortável (e, sim, eu sei que eram duas horas da tarde quando entrei no vagão, que, por isso, estava tudo vazio) e não tive problemas para arrastar aquele trambolho que chamo de mala atrás de mim o tempo todo. Desci então na estação República e, na Praça da República, senti que tinha chegado em São Paulo de verdade. Os prédios altos oitentistas e noventistas, o vuco-vuco das pessoas correndo para pegar o ônibus ou passar no sinal aberto, o céu nublado tampando aquela mistura de gente, classes sociais e meios de transportes, tudo isso gritava o estereótipo que as pessoas de fora da cidade têm dali.

Fui então tentando seguir o mapa que haviam me mandado, sempre com cuidado para não dar bandeira e ser roubada. Fui costurando as ruas dali do centro, vendo como aquela realidade era realmente nova e assustadora pra mim, até que cheguei na praça na qual estava a minha nova casa, a Praça Rotary. Era um lugar bem mais calmo do que a rodoviária na qual cheguei e a Praça da República. Ali as coisas eram mais confortáveis para mim, apesar de tudo, sempre ouvi que o centro de São Paulo era um lugar muito aberto e diverso, o que combina comigo, e aquele canto me inspirava isso, sabe-se lá o porquê.

Olhei então num papelzinho o endereço que eu tinha anotado e posto no bolso, só por precaução, caso não pudesse contar com meu celular por qualquer motivo, e reparei que era na rua perpendicular à que eu estava. Fui até o prédio, cheguei mais uma vez o número do apartamento na minha colinha, e apertei o interfone que estava do meu lado. Esperei um tempo ouvindo os toques surdos do interfone chamarem os meus flatmates dentro do imóvel. Depois de um tempo, ouvi um "alô" e respondi: "sou eu, a Laura, a nova moradora".

PARTE II – "QUASE QUE NÃO CONSIGO FICAR NA CIDADE SEM VIVER CONTRARIADA"[4]

Assim que entrei em casa e me acomodei na nova cama, liguei para minha mãe. No telefone, ela me parecia preocupada. Perguntou se eu tinha almoçado e se já tinha tomado algum banho. Passou logo o telefone para meu pai, que, de pronto, percebeu que eu realmente havia me mudado e me pediu desculpas por não ter acompanhado sua filha de 17 anos na mudança. Retruquei falando que já tinha quase 18 e que poderia me virar bem sozinha. O clima da ligação estava muito fúnebre, parecia que teria me despedido para sempre. Mas, estava só há seis horas de distância. É o tempo de ver três filmes só. Agora, relembrando todo esse momento, realmente foi um marco. A Laura que conheciam não voltaria mais.

Eram quase 4 da tarde daquele dia, quando fui caminhando até a universidade que me matricularia para cursar direito. Por sorte, eles usariam as notas do ENEM como forma de ingresso no curso. Como eu tinha feito o ENEM no último dezembro, lá na minha cidade mesmo, teria que esperar só o resultado da seleção.

A semana passou arrastado, não lembro de muito a não ser a apreensão pela aprovação e a preocupação com as despesas na nova casa. Nessa semana, eu conheci um pouco do bairro, fui até a Av. Paulista e visitei alguns museus. Me impressionava a cada manifestação artística, política. Me sentia livre dentro da gaiola de concreto gigante.

Finalmente, era segunda-feira, 9 da manhã, de alguma semana de março de 2014. O resultado da seleção estaria disponível. No ímpeto da ansiedade, ao invés de esperar o e-mail com a resposta, me desloquei à Universidade. Era a poucos passos da minha casa e andar faz bem. Na secretaria, perguntei se havia

---

4   Adaptação à música Lamento Sertanejo.

sido deferida a minha proposta de financiamento, do FIES. Quando a moça que me atendia que, sim, tinha sido aprovada, só precisava assinar a papelada do meu banco de lá do interior e entregar uma via para a universidade e para eles, eu não acreditei. Liguei para meus pais contando as boas novas assim que deixei a secretaria.

De tão feliz, meu pai veio para São Paulo trazer toda a papelada do banco. Eram muitas páginas de contrato. Nesse dia, entusiasmada, tinha certeza de que cursaria o curso para o qual me matriculei, e na cidade que eu queria. Aproveitei a companhia do meu pai e fui tirar meu título de eleitor para evitar a burocracia quando começassem as aulas e para fazer tudo certinho, já que ele entendia dessas burocracias. Além disso, o ano era 2014, ano de eleição presidencial, a minha primeira. Em São Paulo!

Meu pai ficou cerca de três dias na cidade, numa quinta-feira, pela tarde, me deu um beijo na testa e suas palavras nunca saíram da minha cabeça:

- Vê se me liga, Laurinha. Sua mãe não conseguiu vir essa semana, muito trabalho em casa. Mas te mandou esse casaco. São Paulo faz muito frio, use o casaco. Cuide-se e te espero daqui 15 dias, em casa.

Durante aquela quinta-feira, eu senti um vazio imenso que mais parecia um grande baú vazio. E talvez, essa realmente era a sensação. Preencher todo um baú novo. Tempo ao tempo. Estava já matriculada. E tinha conseguido acesso ao FIES. Tudo estaria tomando seu rumo.

Logo já era segunda-feira e as aulas se iniciavam. Foi vapt-vupt. Me perdi no campus procurando a minha primeira aula. Era de Teoria do Estado, ministrada por uma mulher. Essa era uma informação importante: era uma mulher! Isso me empolgava e me animaria para o presente-futuro. Via, desde já, uma diferença no tratamento dos gêneros. Estou acostumada a acompanhar mulheres que desistiram de seus sonhos, carreiras pelos rumos que a vida tomava e as responsabilidades que lhe eram impostas.

Chegando à sala de aula, me sentei em alguma cadeira. A sala era dentro de um auditório. Aquilo me impressionaria. A única vez que entrei num auditório como aquele foi para minha formatura no terceiro colegial. O auditório era tão grande que me dava impressão que caberia quase meu bairro inteiro. E ele foi se enchendo. Encheu até quase por inteiro. Esperamos mais um pouco. Eram 19h30 da noite. Com trinta minutos de atraso, a minha professora ia chegando. Colocou a bolsa em sua mesa. Subiu as mangas do suéter que usava e disse: "Boa noite a todas e todos!" lembro de sentir meus olhos arderem. Acho que nem estava piscando.

Daí, ela se apresentou, introduziu seu curso e pediu para que nos apresentássemos. Antes de chegar a letra L, um grupo de quatro alunos bate à porta e cochicha com a professora. Eles entraram e começaram a se apresentar. Eram do Centro Acadêmico, o C.A. Nos convidaram para recepção de calouros e nos entregaram um papel com o "Manual do Aluno". Explicaram que a semana seria uma semana para conhecer a faculdade e os grupos de estudo, pesquisa, esportes e políticos. Me animaria com a apresentação e decidi, que no intervalo, iria procurá-los para mais informações sobre o Centro Acadêmico.

Finalmente, depois que eles saíram, me apresentei. Ou melhor: nós nos apresentamos, nos conhecemos e fomos apresentados à Teoria do Estado, pelo menos, à ementa do curso. Mal sabia eu, naquela época, que essa matéria faria toda a diferença para eu estar escrevendo este texto.

No intervalo, como já havia dito, fui até o pessoal do C.A. Lá me introduziram a um outro grupo de calouros e fomos nos aconchegando. Aquele semestre foi um semestre de experimentação. E, de fato, a minha matéria preferida foi Teoria do Estado. O que me parecia bem estranho, já que Introdução ao Estudo do Direito me deixaria muito desgostosa sobre a graduação que haveria escolhido: seria pré-requisito de todo aluno do Direito gostar dessa matéria?

Em Introdução ao Estudo do Direito tive contato com algumas teorias sobre o que era o Direito. Tive que ler, pela primeira vez, Kelsen, Bobbio e outros tantos. Nenhum deles me empolgava. E nenhum deles me animou. Diferentemente do que acontecia quando eu lia sobre a política, o neoliberalismo, o liberalismo, o socialismo, o comunismo, as relações internacionais, a filosofia. Fiquei tão frustrada que comecei a cogitar mudar de curso. Me senti enganada. Vim até aqui, de longe com tanto sacrifício, para me tornar uma burocrata?

As formalidades do Direito me assombraram durante inúmeras noites. E tinha um motivo certo, me sentia traída. Me sentia, de novo, silenciada. O ano foi se passando e eu comecei a tentar me desenvolver fora da sala de aula. Foi aí que tomei a decisão de participar do movimento estudantil. Entrei no Centro Acadêmico e logo comecei a fazer parte de um grupo de pesquisas sobre Direito e Política. Lá a gente falava sobre LGBTQ+, negritude, classes sociais, política. Eu já não estava tão emburrada com a decisão que teria tomado. Ainda que encabulada e desconfiada, era difícil dispor tanta energia para mudar tudo de novo. Continuei a graduação.

Com a aproximação do período eleitoral, eu estava muito envolvida com as atividades do centro acadêmico. Organizamos debates sobre as propostas dos candidatos à presidência. E fui acompanhar a apuração dos votos, do 2º turno, em um bar no centro de SP. Dilma Rousseff ganhou as eleições de Aécio Neves por muito pouco. Neste ano, algumas polarizações tomavam forma na Universidade. Era um bochicho de "professor de direita" para lá e "professor de esquerda" para cá. As rachaduras vieram decorrente do período eleitoral e não se esgotavam ali, estendiam-se ao bar, às casas e às famílias.

Era 25 de dezembro daquele ano de 2014 e eu já estava de volta para o interior para as celebrações de Natal. Vindo de família católica, o natal era um grande momento de reencontro. Primos de sei lá que grau apareciam na casa de minha vó Lia. E foi naquele almoço que eu vi, pela primeira vez, Joana. Filha de um vizinho de minha avó, ela tinha 24 anos e acabava de se graduar em Filosofia por uma Universidade Federal. Ela entrou em alguma discussão com o tio Leandro sobre direitos humanos e o chamou de conspiracionista. A discussão me lembrou a faculdade e os frissons sobre posições políticas que havia por lá. Já eram 6 da tarde quando sentei na rede do alpendre e Joana veio atrás de mim perguntar quem eu era e o que fazia. Me apresentei e falei que estava terminando o primeiro ano do curso de Direito. Nunca vou esquecer a sua risada e sua voz falando: "então, você é daquelas concurseiras?"

Pois bem, "então, você é daquelas concurseiras?" Aquilo me bateu no peito quase como uma ofensa. Concurseira, eu? Foi a primeira vez que alguém havia me confrontado tão diretamente pela escolha de profissão. "Até o ano passado, minha maior preocupação era escolher uma graduação. Talvez, agora, caminhando para os 19, eu deva escolher o que fazer com essa graduação", pensava. Fiquei bastante introspectiva nesse dia e continuei no interior para as férias. Aí foram aparecendo mais perguntas como essa, minha família inteira estava curiosa sobre mim. Quem a Laura se tornou e quem ela quer ser?

Voltei para o conflito que teria aos 17. Quem eu sou? Para onde vou? Essas perguntas apareciam noite ou outra, dia mais e dia menos durante esse recesso. Foi nesse recesso, também, que eu saí para um bar com a Joana. E ouvi ela falar da filosofia de Platão e Aristóteles. Foi a primeira vez que fiquei tensa ao lado de uma mulher. Não sabia o que aquilo queria dizer, mas sabia que era uma sensação não experimentada ainda por mim.

Era março novamente e voltei para São Paulo, quando começaria o segundo ano da minha graduação. Já estava ali como "veterana", e não uma caloura. Era membro do Centro Acadêmico ainda e fiz questão de ir até a sala dos nossos ingressantes falar sobre nosso curso. Durante a apresentação fui confrontada por um aluno, Alberto. Alberto tinha 34 anos e estava em sua primeira graduação. Alberto foi até mim para perguntar sobre as possibilidades de estágio e emprego. E também sobre uma bolsa permanência. Alberto trabalhava na região do Brás de domingo a domingo e também fazia entregas como motoboy em uma pizzaria aos finais de semana. Pela primeira vez, tive noção de que a Universidade deve fazer de tudo para incluir. Como nosso curso era noturno, começamos a pensar em pautas que pudessem trazer mais inclusão para alunos e alunas como Alberto.

Foi nesse meio tempo que eu fui apresentada a um grupo de extensão que tinha como objetivo atender demandas de imigrantes na cidade de São Paulo. Entrei para o grupo e fui contemplada com uma bolsa de pesquisa no valor de R $400,00 mensais. Apesar de pequena, a bolsa foi super bem-vinda. Naquela altura do campeonato eu deveria mesmo já ter alguma remuneração para ajudar no custos de minhas despesas. R $400 era muito pouco, mas custeava minha alimentação na cidade. Quando contei para os meus pais eles ficaram eletrizados de ter uma filha que recebe para fazer pesquisa. Eu mesma me senti entusiasmada com essa ideia e comecei a procurar entrar mais nesse universo.

Joana já tinha se tornado uma das minhas melhores amigas e eu fui contar as boas novas a ela. Joana estava se preparando para cursar um mestrado em Filosofia Política e ia estudar Espinoza. Eu fingia entender tudo que ela me falava. Quando contei para ela da minha bolsa, Joana se entusiasmou mais do que eu mesma. E começou a me contar suas histórias com a pesquisa. Foi ela quem me animou para ser mais participativa na Universidade. "Finalmente, vou me tornar uma pensadora. Uma intelectual e poderei entender tudo aquilo que me engasga", pensei.

Procurei grupos de pesquisa na Universidade e encontrei um professor para me auxiliar. Ele me explicou o que seria um projeto de pesquisa e como fazer algum que possa ser registrado nas agências nacionais de pesquisa, como a CAPES e CNPq. Me preparei naquele semestre para tentar algo no segundo edital da CNPq, que seria no fim do ano.

Durante a preparação, quis pesquisar tudo um pouco. Tinha uma ideia muito ampla e muito curiosa sobre tudo. Nesse meio-tempo, tive que cursar Direito Internacional Público. E foi a primeira matéria específica que saia daquela lógica do sistema jurídico que eu já havia estudado em Introdução ao Direito, Direito Civil, Direito Penal e até mesmo em Constitucional. Comecei a me interessar pela disciplina e comecei a procurar me inteirar sobre os assuntos. Entrei para um grupo de pesquisa das Relações Internacionais e senti de novo todo o frio na barriga que senti quando me matriculei no curso de Direito.

Resolvi, então, pensar em um projeto de pesquisa em Direito Internacional Público. Fui atrás do professor que me ofereceu ajuda. Mas ele me respondeu que não poderia me ajudar. Já que seu objeto de estudo não era a matéria, mas sim a discussão sobre direitos fundamentais na Constituição Federal. Me senti abandonada. E agora, o que faria?

Resolvi ir atrás do Professor de Direito Internacional que se animou com a minha ideia de tentar o edital da CNPq, me deu alguns manuais da matéria. E me enviou alguns textos sobre a história da ONU. Me senti confortável com o tema e decidi delimitar a minha pesquisa. Me inscrevi com um projeto que tinha por objetivo estudar os Direitos Humanos no Estado Brasileiro. Misturei a bibliografia com a que eu tinha aprendido na aula de Teoria do Estado, lá no primeiro período. Passei no edital e me tornei, oficialmente, uma pesquisadora bolsista.

Esse foi meu início em uma carreira que não sabia ao certo qual era. Foi, a partir disso, que decidi me tornar pesquisadora. E, assim como a Joana, também quis estudar para ser mestranda. Era isso que eu faria após a graduação, continuaria a estudar.

Durante um dia qualquer de fim de semestre, com qualquer aluno, pensei em largar a faculdade. Quem nunca? No meio de tanto estresse e patifaria. Nesse dia decidi ir ao bar com meus amigos da faculdade para afogar minhas mágoas. No outro dia, eram as provas finais. Estava tão ressequida pela noite anterior e cansada pelos estudos intensos que não consegui obter bom desempenho na prova final de Direito Civil. Fui reprovada. Junto da reprovação, um susto: tinha que pagar para cursar a matéria repetida e poderia perder o FIES se isso se repetisse mais vezes. Minha mensalidade da Universidade aumentaria, o montante a pagar ao banco depois do curso, também. Me vi desesperada com o aumento da dívida do meu financiamento e comecei a tentar pensar em alternativas.

Estava certa de que queria a carreira acadêmica e, por isso, decidi pensar em um plano de ação para que essa carreira se concretizasse o mais rápido possível. Continuaria minha pesquisa em Direito Internacional e entraria para um mestrado sim. Fui falar com Joana para entender melhor o que precisa para uma seleção de mestrados. Joana me explicou que precisa praticar a pesquisa. Me explicou que eu deveria circular onde estão os pensadores da minha área: ir aos eventos, publicar artigos. Estar por perto.

Decidi seguir seus conselhos, mas mal sabia o mundo que me esperaria. Um mundo formado em sua grande maioria, pela elite econômica. Para ir aos eventos, eu teria que custear e a maioria rodava no Brasil. Tinham eventos em Curitiba, Gramado, Rio de Janeiro, Salvador e Belo Horizonte. Tinha que me fazer presente em vários lugares. E eu deveria estudar e dialogar com esses pensadores da área que escolhi, Direito Internacional.

Além do obstáculo econômico que me aparecia vira e mexe. O segundo obstáculo que me apareceu foi o idioma: a maioria da bibliografia não se encontra em português. Tive que estudar sozinha para melhorar o pouco que sabia de inglês. Finalmente consegui ler textos acadêmicos em inglês. Já era 2016, quando fui para o meu primeiro evento internacional. Era um congresso nacional que aconteceu em Curitiba, sobre Direito Internacional. Havia juntado dinheiro de vários bicos que fiz na faculdade para ir. Iria apresentar um trabalho em formato de resumo sobre Direitos Humanos e Mulheres, mais precisamente, sobre uma conferência da ONU, a CEDAW.

Chegando em Curitiba, fui para o Evento. Lá apresentei meu resumo e fui conhecendo mais pessoas da minha área. Fiquei um pouco assustada e refletindo: onde eu me encaixaria? Um monte de gente falando em vários idiomas, um bocado de gente que se conhece e um monte que viaja o tempo inteiro para frequentar os melhores centros de pesquisa. Quem eu era naquele lugar?

Voltando para São Paulo, fui encontrar com a Joana para contar do evento. E lá estava ela com sua turma do mestrado. Eu me sentei na mesa do restaurante e começamos a conversar. Alguns de seus amigos entraram na conversa e compartilharam as dores e delícias da vida acadêmica. Algumas das meninas me contaram do fenômeno do "esquerdomacho" na academia, ou seja, aquele homem que apoia pautas progressistas somente na teoria e em espaços reservados a ela. Na vida, no dia a dia, continua a manusear e manter relações machistas, ainda que sutis.

Depois desse almoço, voltei a minha rotina normal e continuei a frequentar estes pequenos espaços de divulgação de pesquisa. Passei a estudar mais e comecei novos rumos no meu projeto. Dessa vez, queria incluir pautas de raça e orientação sexual. Por esses novos rumos, comecei a perceber que a sutileza era uma ferramenta muito utilizada na academia para perpetuar violências, violências sutis aconteciam naquele espaço. E, mais uma vez, eu me decepcionaria. Despretensiosamente, me "colocavam de volta ao meu lugar". Esse lugar que tentavam me empurrar era fora da carreira de pesquisa.

O tempo inteiro eu teria de ser cordial, educada e diplomata. Tinha que lidar com as pequenas sessões de disputas. A disputa era grande, e não gostavam da mulher que estava pronta para a briga. Me desacreditaram o tempo inteiro, eu me embaraçava o tempo inteiro e me senti envergonhada e injustiçada por não ter feito tantas viagens internacionais, por não ter ido para Haia fazer curso de verão, por não falar francês ou compreender italiano. Por não ter dinheiro para comprar todos os livros e quiçá ir em todos os eventos. Por não ter os mesmos hábitos. Por não ser um homem branco articulado nascido e criado na cidade grande. Foi nessa época que eu desenvolvi "síndrome de impostor".

Já era quase fim de 2017, prestes a entrar para meu último ano de graduação, quando fui ao encontro de algumas amigas para comemorarmos o fim de mais um ano. Festejamos o fim de 2017 e celebramos a ideia de começarmos o nosso fim da graduação. Cada uma contou de seu plano. Eu falei dos meus. Igual a mim tinha mais duas amigas e um amigo. Nós quatro queríamos estudar para passar numa prova de mestrado. Decidimos que iríamos fazer isso juntos.

Em abril de 2018, eu me encontraria com Joana de novo para ela me explicar como escolheu estudar Espinoza a fim de compreender o processo para fazer minha escolha. Não foi um bom encontro, Joana estava cansada e prestes a terminar o mestrado. Estava amarga. E receosa com o futuro. Muita coisa havia acontecido no nosso país e não havia certeza nenhuma sobre o futuro da educação.

Essa conversa me pegou de jeito. Novamente, revivendo os ciclos de quem eu sou. Me perguntei: seria uma latino-americana capaz de se tornar uma intelectual? Dessa vez, como resposta, eu imediatamente pensei que talvez não se trataria de capacidade, mas de circunstâncias e privilégios. Eu estava disposta a enfrentar esse lugar e haveria uma necessidade mais do que imediata em quebrar esse silenciamento histórico que nos colocavam. Gioconda Belli ressoava em mim: "Duas Coisas que Não Decidi Acabaram Decidindo Minha Vida: o país onde nasci e o sexo com que vim ao mundo."

PARTE III – BEM-VINDO AO FIM: O COMEÇO DE NOVO

Decidida em fazer o mestrado e me manter na carreira acadêmica, eu tinha que correr contra o tempo. Afinal, preciso suprir um gargalo de requisitos para realizar a seleção e ainda tenho que lidar com uma dívida de todos os custos da minha graduação.

Um ano intenso começou. Havia decidido que faria um mestrado em Universidade Pública, não poderia arcar com mais custos para estudos. Decidi, também, que continuaria a pesquisar Direito Internacional. Via oportunidades para grandes debates na área. Fiz as provas e o meu projeto que teria como objetivo principal pensar o Direito Internacional na América Latina. Fui aprovada. E uma nova saga começaria.

Como todos sabem, desde 2016, com a aprovação do Teto de Gastos, há cortes imensos na Educação brasileira. Esses cortes afetaram a oferta de bolsas para pesquisa. Nesse sentido, eu não teria perspectivas concretas de financiamento da minha pesquisa. E novamente, estaria numa sinuca de bico.

Com o fim da minha graduação e o início das aulas do mestrado, me vi mais perto ainda do que eu sonhei, tornar-me uma pesquisadora. Foi a partir daí que eu vi que tinha começado tudo de novo. A Laura de 2014 não imaginaria tudo que havia acontecido até 2018. E não suporia que a pesquisa, enquanto carreira, é marcada e atravessada por tradições, dogmas e inflexibilidades tal como uma vida pacata do interior. Tradicionalmente ocupada por homens brancos e de elite a cadeira de Direito Internacional Público, carregava em sua própria gênese das Relações Internacionais: a contradição como elemento primeiro.

Essa contradição que me permitiria e traria até aqui para repensar o que é a pesquisa de Direito Internacional e como ela deveria contemplar a inclusão e o pensamento crítico para superar seus principais desafios. Foi com essa concepção que me arrisquei a pesquisar direito internacional e américa latina, afinal, seria o Direito Internacional, de fato, internacional?[5]

Assim, compreendendo a academia como um espaço a ser disputado pelos grupos não dominantes que são marcados pelo gênero, classe e raça, me guio e me coloco como sujeita de mundo: essa " (...)flor sombria do mundo civilizado havia me envenenado com seu perfume e nunca mais pude respirar direito. Incrustado em minhas narinas o fedor de tantos crimes, matricídios e mortes e principalmente tantos sofrimentos"[6] Com esse trecho, vou me despedindo. Chegamos até aqui sem eu ter avisado que se tratava de uma carta. Quando comecei a escrevê-la, ela não tinha endereço certo. Ao longo da escrita, percebi que o endereço dela é para aquelas e aqueles que estão passando por momentos de angústia em suas pesquisas em suas vidas e que duvidam que estejam no lugar que deveriam estar.

Esta carta é para deixar registrado toda uma trajetória individual que é também coletiva: a trajetória de uma vida inteira marcada por rumos que são maiores e alheios a nossas vontades. Situações que nos aparecem a depender da nossa classe, nosso gênero e nossa raça. Esta carta é para dizer que nem tudo deve permanecer como sempre foi ou é. Temos que nos arriscar. Estejamos sempre atentas e fortes, sem tempo para temer. Não temermos os espaços, ocupemos, insurgimos-nos, sempre. Espero que a minha história tenha lhe feito perceber que somos múltiplas e que temos direito de falar em voz alta. Seja onde for e qual for o tema. Espero que esse pedaço minúsculo da minha vida, recortado e bem delimitado lhe entusiasme a procurar respostas (ou as perguntas) para todos os nós que tomam a voz e te engasgue. A pesquisa começa a partir do momento que há quem queira pesquisar, ainda que a

---

5   Expressão usada por Anthea Roberts em seu texto " Is International Law international?"

6   CONDÉ, Maryse. Eu, Tituba, Bruxa negra de Salém. Rio de Janeiro: Rosa dos Tempos, 2020, p. 152-153.

sutileza da violência tente nos parar, a pesquisa não se para. Ela se transforma!

A quem se interessar, Laura.

MORTE E VIDA CLANDESTINA: DESCAMINHOS DE UM DOUTORANDO EM DIREITO INTERNACIONAL

Gabriel Antonio Silveira Mantelli

Paula Monteiro Danese

Bruno Lopes Ninomiya

4 DE DEZEMBRO DE 2016

Acordei com a triste notícia da morte de Ferreira Gullar. Um estranhamento, de certa forma, sujo, me toma por inteiro. O poeta brasileiro que mais admirei nos últimos anos acaba de partir e deixa para o mundo importantes contribuições e reflexões que – tenho certeza – continuarão a tocar e provocar a vida de muitas pessoas. Foi com a poética de Gullar que eu me senti um estranho no ninho, ávido por conhecer e compreender onde estou e como o mundo funciona.

A tristeza que me ocupou com a partida do querido poeta, surpreendentemente, seria preenchida por uma grande felicidade. Há dias, estive ansioso com o resultado do processo seletivo para o doutorado. Confesso que não estava muito confiante de ser aprovado, visto que meu projeto de pesquisa ainda carecia de melhor estrutura metodológica... Inclusive, arquitetei diversas alternativas, na minha cabeça, caso fosse reprovado.

Havia decidido pesquisar sobre os impactos e influências dos acontecimentos da política internacional no Brasil nos anos 2010, através das lentes e mecanismos do direito internacional. Essa nova pesquisa, de certo modo, seria uma continuação da minha dissertação de mestrado, em que havia analisado o papel do Brasil nas relações Sul-Sul durante os dois governos de Luís Inácio Lula da Silva. Naquela oportunidade, acabei me focando especialmente nas perspectivas latino-americanas sobre dependência e inovação institucional. Dessa vez, ansiava por uma abordagem mais empírica – o que tentei transparecer no projeto sem, ainda, a meu ver, muito sucesso.

Mas, então, às 18h, recebi um e-mail de que a relação de candidatos aprovados tinha acabado de ser publicada no site da faculdade. Coração batendo forte, abri a planilha e ali estava meu nome – Francisco Hugo da Silva Gentili: o novo doutorando em direito internacional! Não poderia deixar de expressar minha felicidade, senão gritando de alegria e compartilhando com amigos e familiares nas redes sociais. Encontrei-me, mais tarde, com alguns amigos que fiz durante a graduação e outros no mestrado para comemorar minha aprovação, todos muito orgulhosos de mim. À noite, encerrei o dia lendo os comentários carinhosos me parabenizando pelo feito e deixando toda essa energia, em uma breve ode, à disposição da memória do inesquecível Ferreira Gullar. Escrevendo essa postagem no meu blog, sei que uma nova etapa da minha vida acaba de começar.

20 DE JANEIRO DE 2017

Assisti, ainda assustado, à posse de Donald Trump como novo presidente dos Estados Unidos. Um espectro pesado ronda nos grupos de WhatsApp: a tradicional democracia norte-americana havia elegido e empossado um governista negacionista, surfando na onda das fake news. Preocupo-me com muitas coisas do ponto de vista da política internacional, em especial as pautas do meio ambiente e dos imigrantes. Os últimos discursos proferidos por Trump já demonstraram que, com a sua eleição, muitos acordos internacionais serão deixados de lado. Inclusive, diz-se por aí que os EUA poderão se fechar para o mundo nos próximos anos, deixando de ser o arauto da globalização. Temo, também, em quanto tempo as consequências de suas ações vão demorar para ecoarem até o Brasil. Talvez um estudo dessa nova onda política possa integrar um dos trabalhos que imagino precisar preparar para uma das disciplinas do programa de doutorado.

Do lado de cá, ainda que estivesse receoso com esse acontecimento, hoje foi um dia bastante importante na minha trajetória de doutorado. Tive a primeira conversa com minha orientadora em um charmoso café no centro de São Paulo e estou muito contente com a escolha. Maria Aparecida Piovezan me transpareceu ser uma ótima professora e pesquisadora, atenta a todas as notícias e acontecimentos que nos rodeavam. Tinha a ideia de que a relação orientando-orientador(a) no doutorado seguiria uma linha mais inflexível, porém minha orientadora se mostrou bastante disposta a mudanças e discussões na pesquisa. Acredito que essa abertura e confiança depositados em mim vão impulsionar minha disposição para começar os trabalhos. Minhas aulas vão começar em breve, uma força invisível me pressiona para essa nova responsabilidade, mas sigo ansioso para as novas oportunidades que surgirão.

1 DE JUNHO DE 2017

O primeiro semestre do doutorado me pareceu menos desafiador do que o mestrado. Apesar de matérias novas e uma nova ideia para escrever minha tese de doutorado, os desafios do mestrado em direito internacional me fizeram amadurecer para compreender melhor a imensidão que é o mundo acadêmico e os desafios que permeiam o direito internacional. Confessor, todavia, que o semestre passou voando e o mundo parece que virou de ponta-cabeça desde então. Assim como temíamos, Trump já havia preliminarmente tramado polêmicas decisões no começo do seu mandato. A retirada dos EUA do Acordo de Paris chocou a comunidade internacional e, em especial, os órgãos ambientais e organizações da sociedade civil de todo o mundo. Mais do que um acordo de redução de emissão de gases estufa, o Acordo de Paris representa uma união internacional de países para um bem comum a todos. Os EUA, com seu peso geopolítico, ao sair desse acordo, se mostra ainda mais distante da cooperação entre Estados. Vivo refletindo sobre esse ponto. Quais os caminhos podemos seguir com o direito no meio do caos? Como implantar os tratados internacionais de forma efetiva, ainda mais quando se sabe que seu descumprimento fará que toda a humanidade sobre indiscriminadamente os efeitos da violação ao meio ambiente? É certo que vivemos em uma época de constantes incertezas e inconsistências na natureza, nas relações sociais, na economia, na política, e por aí vai. Quando vemos retrocessos tão escancarados por parte de países, percebemos que, não tão cedo, vamos tirar a palavra "avanços" do baú...

O que me comove e me preocupa nesse momento é o impacto dessa decisão. Recordo-me do Twitter para averiguar quais os principais efeitos dessa precipitada escolha do presidente. Uma das maiores "potências" mundiais acaba de afirmar, ainda que indiretamente, que a emissão de gases estufa e as consequências dela no meio ambiente estão fora da agenda. Algumas questões e discussões surgem na minha cabeça nesse momento. Qual seria a repercussão em nível nacional e internacional desse retrocesso? O representante de uma nação de influência expressiva poderia estar tomando decisões tão graves assim? Qual seria o papel do direito internacional nesse momento?

Tive esses questionamentos no caminho de uma das aulas do doutorado que estou acompanhando neste semestre. Essa indigestão com a notícia me fez repensar se deveria levar a minha pesquisa para outro rumo, trazendo agora mais os aspectos relacionados a todos os níveis de impactos da política internacional. Preciso discutir isso com a minha orientadora.

19 DE SETEMBRO DE 2017

Estamos na metade do segundo semestre do doutorado e estou muito feliz com as discussões e atividades desenvolvidas durante esses meses. O direito internacional é, de fato, uma área que abrange uma gama de conhecimentos jurídicos. As relações entre os diferentes ordenamentos jurídicos e seus reflexos no direito brasileiro foram temas que me interessavam desde a graduação. As aulas do doutorado têm me dado a oportunidade de revisitar alguns manuais e artigos que li há quase dez anos. É fantástico se perceber um leitor muito diferente do que já foi.

Há algumas semanas, deparei-me com um anúncio de uma renomada universidade privada de São Paulo para um processo seletivo para uma vaga de professor substituto da matéria de direito internacional da graduação. Fiquei bastante contente em aplicar para a vaga e torcer para que eu seja selecionado. Após toda a burocracia envolvendo comprovações curriculares, a faculdade me chamou para uma aula teste. Pensei em diversos temas que pudesse abordar. Decidi tratar sobre cooperação internacional, muito influenciado pelos meus questionamentos acerca da política agressiva do presidente Donald Trump. Recebi elogios do coordenador do curso, que, então, me disse que daria a resposta em breve.

Hoje, enquanto lia o livro "Decolonising International Law: Development, Economic Growth and the Politics of Universality" de Sundhya Pahuja para participar de um debate na UnB, recebi uma ligação. Era o coordenador do curso me informando que havia passado no processo seletivo e que, em razão de um professor que havia pedido licença, já começaria a lecionar ainda essa semana. Empolgação, felicidade e uma pontinha de medo me tomaram por completo!

Ainda muito contente com a notícia, me veio a preocupação do que falaria na minha primeira aula como docente universitário. Apesar de já ter lecionado antes em cursos de extensão, a experiência como professor da graduação era um desafio que eu almejava há muito tempo. Foram tantos pensamentos que vieram ao mesmo tempo que foi difícil organizá-los. Sabia que teria que falar da parte histórica do Direito Internacional, de Hugo Grotius, Francisco Suárez, Vattel e tantos outros autores clássicos, ingressar na filosofia de Kant e tratar das fontes do Direito Internacional, entre outros importantes assuntos, porém tanto coisa estava ocorrendo no mundo. Como encaixar esses temas nas minhas aulas?

Ironicamente, acabei de assistir na televisão que o presidente Trump – sempre ele – tinha intenções de destruir a Coreia do Norte, caso não tivesse outra escolha. Pensei que poderia falar sobre a ONU e o Conselho de Segurança e, ao final da aula, comentar sobre a fala do presidente fazendo um paralelo com a matéria do dia. Acho que os alunos vão se interessar. Melhor começar a preparar a aula.

18 DE FEVEREIRO DE 2018

Caos. Acho que essa é a palavra que melhor define a situação política do Brasil nesse momento. Hoje o presidente Michel Temer decretou intervenção federal na Segurança Pública do Rio de Janeiro. É a primeira vez que tal instrumento é utilizado no país em mais de 30 anos! Estamos vivendo tempos conturbados em que nem a própria segurança dos estados brasileiros consegue se sustentar. Será que esses mecanismos serão efetivos? Tenho minhas dúvidas. Começo a refletir que a política brasileira vive em uma vertigem constante e, quem mais sofre com isso, é o povo. Será que algum dia veremos uma luz no fim do túnel ou entramos em um trajeto com curvas e abismos que, no final das contas, retornam por onde entramos?

Como podem perceber, hoje estou inspirado e não devo desperdiçar a ocasião. Meu segundo ano de doutorado já começou e minha orientadora tem me questionado sobre os rumos da minha pesquisa. Aproveito para abrir alguns livros, ligar o notebook e começar a rascunhar algumas novas ideias para minha tese. Neste momento, comecei a me interessar mais sobre a visão crítica do direito internacional, após ter lido a incrível obra da Pahuja e de outros teóricos do Sul Global. Me prendi tanto no assunto procurando novas fontes e bibliografias que, quando olho para o relógio, já são 4 horas da manhã. Melhor descansar ou vou acabar dormindo em cima dos livros – e quiçá sonharei com um país e um mundo mais justo.

14 DE MARÇO DE 2018

A deputada negra Marielle Franco e seu motorista, também negro, Anderson Gomes, foram brutalmente assassinados no Rio de Janeiro. Ambos foram baleados dentro do carro e morreram na hora. Há indícios de que o crime tenha sido cometido com motivações políticas. Leio a notícia pela tela do celular indignado, perplexo, bravo, triste... São tantas emoções que não me contento. O mundo inteiro está de olho no Brasil. E deveria estar mesmo. Em realidade, deveria estar faz tempo. A imagem de país passivo e do futebol não contribuiu com o fortalecimento do diálogo internacional sobre a necessidade de mudança. Só conseguia pensar em como eu gostaria que as coisas fossem diferentes no meu país.

A que ponto chegamos? A ascensão dos discursos de ódio na internet está tomando rumos muito perigosos. Agora as ameaças e ofensas transportaram-se do mundo digital para a realidade. Não há mais ninguém a salvo nesse país. O fato de pensar diferente do outro já demonstra, para alguns, um fato que vale a sua vida, literalmente.

Neste momento, abro um documento em branco e começo a rascunhar um artigo. Estou querendo traduzir em palavras minha repulsa ao acontecimento. Começo tratando do avanço dos discursos e práticas fascistas e conservadoras nas sociedades brasileiras e estadunidenses e como essas diversas facetas dos movimentos influenciam e moldam o pensamento de muitas pessoas. Tudo acaba em direito internacional.

25 DE NOVEMBRO DE 2018

O ano passou voando! E mais uma bomba no Norte Global. Hoje foi aprovada a saída do Reino Unido da União Europeia. O Brexit me faz questionar sobre os movimentos atuais de independência. Será que o momento atual de crise global não assumiria uma necessidade de união, ao invés de separação? Ou até reflito se não seria uma certa hipocrisia o Reino Unido cobrar urgência no processo legislativo de independência quando seus movimentos de colonização, no passado, demoraram séculos para cessarem?

Não obstante, um professor da Universidade Federal do Rio de Janeiro me chamou para comentar sobre o Brexit em um seminário que ocorrerá na semana que vem. Preparei uma apresentação bastante provocativa e crítica. Espero chamar a atenção da audiência com novos questionamentos.

28 DE OUTUBRO DE 2018

O artigo que escrevi em março - sobre o avanço do conservadorismo - nunca esteve tão atual. O candidato à presidência Jair Bolsonaro acaba de ganhar as eleições no Brasil. Sinto uma mistura de sentimentos. Não consigo parar de pensar nas populações marginalizadas da sociedade e o quanto vão sofrer com esse governo que, desde já, assumiu sua cara violenta e discriminatória. Quantas vidas negras, LGBTQIA+ e pobres serão perdidas com essa ascensão de ódio contra o "diferente"?

Mas também penso em mim neste momento. Sou bolsista Capes do doutorado. Tenho medo que minha bolsa seja cortada pelo governo, visto que o presidente já havia demonstrado em discursos que investimentos em pesquisa e ciência não seriam prioridade em sua gestão. Penso o que farei caso perca minha bolsa. Não quero que meu sonho de conseguir o título de doutor em direito internacional seja despedaçado.

Nos próximos anos, teremos que resistir. Resistir não apenas às formas retrógradas de violência e opressão que este governo, e seus seguidores, utilizarão para a manutenção desse poder, mas uma resistência ao avanço desse conservadorismo exacerbado que discrimina as pessoas por seus corpos e por suas orientações sexuais. Acredito que é papel de nós, professores, pesquisadores e juristas, praticar insurgências cotidianas contra todas as formas de violências que sofremos e sofreremos daqui em diante.

28 DE JULHO DE 2019

No começo deste ano, minha orientadora me informou que a Universidade do Arizona, nos Estado Unidos, havia aberto um processo seletivo em busca de um professor visitante para uma bolsa de doutorado em período sanduíche. Não hesitei em aplicar e, para minha surpresa, recebi a notícia que havia sido escolhido. Não me contive de felicidade. Ainda que estivesse receoso com a aplicação para o visto de estudante por conta das políticas imigratórias "tolerância zero" impostas pelo presidente Donald Trump, após uma série de diálogos com o consulado americano, eu consegui tirar o meu visto.

O presidente Donald Trump e o presidente Jair Bolsonaro se encontraram hoje durante uma reunião internacional. Espero que deste encontro surjam bons resultados, apesar do meu pessimismo. Por um lado, torço pelo fortalecimento diplomático entre os países, pelo fato de estar me mudando provisoriamente para os Estados Unidos; mas, por outro lado, indago se essa aproximação não estaria reforçando laços conservadores.

30 DE JUNHO DE 2019

Curiosos encontros no âmbito internacional andam acontecendo. Há dois dias, o presidente Trump estava em reunião com Bolsonaro e hoje ele teve um encontro amistoso com o presidente norte-coreano Kim Jong-un. Cômico pensar que, em 2017, o presidente norte-americano afirmara que tinha planos de "destruir" o país asiático caso "necessário" e hoje estar encontrando e tirando fotos com ele. Volto a pensar que mundo está de ponta cabeça mesmo.

Em solo brasileiro, começo a me organizar para minha partida. Estou ansioso para essa oportunidade. Consigo imaginar grandes e importantes portas se abrindo para mim a partir desse momento. O reconhecimento da minha capacidade de pesquisa e ensino me confortaram. Porém, uma parte de mim lamenta estar deixando amigos e familiares por aqui e também por ter que sair da faculdade da qual estava lecionando. Mas, agora é hora de novas experiências, novos conhecimentos, novas amizades, novas conexões e novos rumos de vida. Parto para os Estados Unidos com a cabeça e o coração a mil.

8 DE NOVEMBRO DE 2019

Já faz cinco meses que estou nos Estados Unidos e não poderia estar mais satisfeito. Demorei cerca de dois meses para me adaptar aos costumes e ao novo modo de vida, mas agora encontro-me estável. O programa de doutorado em direito internacional da University of Arizona é tão incrível quanto eu esperava. Todos e todas foram extremamente receptivos e prestativos com a minha chegada, muito solidários com a complicada situação política do Brasil.

Preocupo-me apenas com uma coisa. Assisti nos noticiários que um novo vírus potencialmente transmissível estava assombrando a China e que há um grande temor internacional que essa doença se espalhe para o resto do mundo e cause uma pandemia global. Observei curioso a situação e achei um pouco exagerado. Não posso esconder minha preocupação quanto a uma possível crise sanitária que parece estar crescendo, mas acredito no potencial científico do mundo. Com certeza, isso será controlado e não causará maiores danos por um tempo longo.

11 DE MARÇO DE 2020

Os últimos meses foram extremamente conturbados. Peço desculpas aos meus leitores pela afirmação que fiz em novembro do ano passado quanto ao vírus. Ninguém poderia imaginar no que iria, de fato, se tornar e que tantos países seriam afetados com um organismo invisível. No dia de hoje, a Organização Mundial da Saúde decretou a pandemia global do novo coronavírus.

Minhas aulas do doutorado foram suspensas desde o começo do ano. No início desta semana, recebi um comunicado da universidade de que, por ser um estudante internacional, teria que retornar imediatamente ao Brasil por conta da pandemia. Passei a semana muito triste pensando que terei que me desconectar de tudo o que estava construindo por aqui.

Tenho 746 e-mails não lidos na minha caixa de entrada, são mais de onze horas da noite e eu fico com a impressão de que minha carreira perdeu completamente o sentido. Lá no fundo, algo me diz que os anos de esforço para chegar até aqui não valeram a pena. Como, então, dar as costas para algo que imputam a mim como sucesso que, ao mesmo tempo, me deixa tão esgotado e sem perspectiva?

Estou voltando ao Brasil com muita tristeza de não ter conseguido concluir meu período sanduíche numa importantíssima universidade dos Estados Unidos, mas sei que isso não diz respeito a minha capacidade. Fico feliz, porém, por poder rever meus amigos e familiares e ver que todos estão bem e se cuidando. É o que mais importa neste momento tenebroso.

3 DE NOVEMBRO DE 2020

Sinto que a situação pandêmica está piorando e que não sairemos tão rápido dessa crise. Fui comunicado por minha mãe que uma tia muito próxima de mim faleceu em decorrência da Covid-19. Nunca pensei que um dia iríamos ver e viver uma crise sanitária como essa. Para mim, uma pandemia seria algo que havia ficado no passado, mas hoje tantas coisas (ruins) do passado estão retornando...

Com a minha volta ao Brasil, dei continuidade ao meu programa de doutorado. Aulas virtuais se tornaram recorrentes. Ao mesmo tempo, todos esses recentes acontecimentos me desanimaram. Falta pouco para terminar minha tese, mas essa inconsistência com o dia de amanhã que estamos enfrentando me faz repensar se devo continuar no programa ou não.

Apesar de todas essas infelicidades, pelo menos, temos um avanço a ser citado. O candidato Joe Biden venceu Donald Trump nas eleições estadunidenses deste ano. A vitória gerou grande comoção do ex-presidente e de seus aliados, que tentaram de diversas formas frear o sabido resultado.

Esperamos que o novo representante progressista tenha posições opostas às do antigo presidente.

Percebo que o recado ao mundo é muito claro: ninguém estará a salvo enquanto todos não estiverem seguros. Isso significa que sem a cooperação entre os países não poderemos eliminar o inimigo em comum. São muitas vidas perdidas todos os dias. Dependemos da vacina, mas, para além disso, precisamos de cuidados específicos para salvar vidas. O que mais me impressiona, ou o que mais me incomoda, é o discurso negacionista de muitos que visam amenizar a maior crise sanitária de todos os tempos. É como dizem: está faltando humanidade nos seres humanos. Claro que tal questão poderia ser melhorada se não tivéssemos líderes de países que se utilizassem do seu papel para fortalecer o discurso negacionista.

É noite e não consigo parar de pensar na minha falecida tia e, ao mesmo tempo, preocupo-me com todas as pessoas que amo. O vírus não escolhe quem será o próximo. O poema "traduzir-se", do meu querido poeta Ferreira Gullar, nunca fez tanto sentido para mim nesse momento:

Uma parte de mim
é todo mundo:
outra parte é ninguém:
fundo sem fundo.

Uma parte de mim
é multidão:
outra parte estranheza
e solidão.

Uma parte de mim
pesa, pondera:
outra parte
delira.

Uma parte de mim
almoça e janta:
outra parte
se espanta.

Uma parte de mim
é permanente:
outra parte
se sabe de repente.

Uma parte de mim
é só vertigem:
outra parte,
linguagem.

Traduzir uma parte
na outra parte
— que é uma questão
de vida ou morte —
será arte?

6 DE JANEIRO DE 2021

É um novo ano. Alguns países já começaram a vacinação contra a Covid-19 e me parece que as coisas estão, aos poucos, melhorando. O Brasil, na contramão, está atrasado com o início da imunização pelas diversas intervenções de Bolsonaro em questionar a segurança e eficácia das vacinas. Questiono-me como o maior representante da nação brasileira pode estar vendo o crescente número de infecções e mortes por dia de forma tão negligente. A única saída para essa crise é a vacina, e o presidente dificulta qualquer forma de fazê-la chegar em solo nacional. Será que sairemos dessa vivos?

Previa que a vitória de Joe Biden nos Estados Unidos não seria aceita tão facilmente pela oposição. Uma cena pavorosa ronda as redes sociais. Eleitores de Trump, insatisfeitos com o resultado da eleição, invadiram o Capitólio vestidos de "vikings" em protesto. Em um primeiro momento, me pareceu algo inacreditável, como se fosse um acontecimento de séculos atrás acontecendo na atualidade.

Assim como pensei no meu último post, estamos regredindo aos poucos. Mal sabíamos que, no século que estamos vivendo, ainda existiriam pessoas desenterrando movimentos contrários aos programas de vacinação universal ou até invadindo o centro legislativo de uma nação por discordar da posse de um candidato democraticamente eleito. A maior crise virá após a pandemia, quando nos depararmos com um cenário de maior desigualdade no Brasil e no mundo, de fome e de desemprego. A gestão da pandemia, ou a falta dela, trará desafios ainda maiores para todos e todas do globo. Será que os fóruns internacionais se fortalecerão para buscarem soluções?

Para complementar, a mudança climática não sai dos jornais. Todos os dias, lemos sobre chuvas torrenciais em vários países, temperaturas altíssimas em países que têm temperaturas mais amenas, como Canadá e Estados Unidos, uma seca no Brasil que parece velada, ninguém fala a respeito. Qual outra crise precisará vir ainda para uma mudança real da comunidade internacional?

Não consigo ficar ocioso nesse momento. Agora minhas forças estão unidas com um único propósito: terminar minha tese de doutorado. Os incentivos da minha orientadora e os últimos inacreditáveis e tristes acontecimentos internacionais, paradoxalmente, me inspiraram para avançar. Nos próximos meses, as madrugadas serão minhas aliadas.

19 de junho de 2021

Estou cheio de olheiras, pois mal dormi nas últimas semanas. Finalmente terminei meu doutorado e estou entregando para a universidade. Amanhã apresento para a banca minha pesquisa e finalmente terei a resposta se serei, ou não, um doutor em direito internacional.

Chego nesse momento tranquilo comigo mesmo. Passei por muitas aventuras, ameaças e instabilidades nesses cinco anos, mas termino essa etapa da minha vida com muita gratidão. Sei que tudo o que fiz foi visando um futuro melhor para mim e para outros e que forças e eventos externos não conseguiram me fazer desistir do meu objetivo.

O meu mundo, que antes estava de ponta-cabeça, começa agora a entrar no eixo novamente, ainda que momentaneamente perca a direção. O outro mundo – o nosso mundo – permanece de ponta-cabeça e parece que continuará assim por mais um tempo. Hoje o Brasil chegou a marca de 500 mil mortes de Covid-19. O que parecia, para mim, como um exagero, agora me entristece. As vacinas demoraram, mas chegaram ao país mesmo com a reprovação do desgoverno do presidente Bolsonaro. Se tudo caminhar certo, me vacino no mês que vem. Não vejo a hora!

Já ensaiei minha apresentação de amanhã incontáveis vezes. Já pedi para cinco pessoas diferentes lerem meu trabalho para estar seguro e confiante. Estou certo do que falarei. Depois de tudo o que presenciei nesses anos para entregar essa pesquisa, começo a perceber que tudo valeu a pena. Os altos e baixos da minha conturbada trajetória no doutorado escreveram os ilegíveis caminhos da minha vida no momento. Apesar de tudo, agora eu sei que o doutorado é mais um degrau da vida, algo que complementa, uma vírgula, mas não um ponto final. Agora chegou a hora de embarcar em novos voos que sejam tão instigantes quanto os que tive nessa jornada acadêmica. O próximo deles se inicia amanhã. Desejem-me boa sorte, aí vou eu para uma nova vida!

COMPREENDER PARA TRANSFORMAR: PERGUNTAS SEM RESPOSTAS E A MUDANÇA DE PARADIGMAS NO ENSINO E NA PROFISSÃO

Ana Cláudia Ruy Cardia Atchabahian

Olívia de Quintana Figueiredo Pasqualeto

MAIS RESPOSTAS QUE PERGUNTAS?

Professoras(es) podem (e, talvez, devam) concluir seus trabalhos em sala de aula deixando mais perguntas que respostas, sem peso. Essa nova forma de aprendizado é amplamente defendida pelas Professoras que escrevem este material. Contudo, uma resposta deve ser dada antes de apresentarmos nossas inquietações.

Sim, somos duas mulheres brancas, com alto grau de escolaridade para um País tão desigual como o Brasil. Sim, somos Professoras de IES de grande expressividade no quadro universitário nacional. Mas sim, conquistamos nossos postos também com a luta contra o machismo que nos oprime social, acadêmica e profissionalmente e nos comprometemos, em nossos trabalhos, defender as nossas lutas e as dos demais grupos oprimidos, em um feminismo para todas(os), sem, jamais, desrespeitar seus respectivos lugares de fala. Ao contrário: sabemos que nosso trabalho deve ter o condão de promovê-lo.

E é isso que buscamos em nossas pesquisas, aulas e provocações às alunas e aos alunos que, também pertencentes em sua maioria a um grupo altamente elitizado e, muitas vezes, reprodutor de tais posturas discriminatórias, precisam sair de suas redomas de conhecimento e vivência para poder compreender, promover e abraçar outras realidades. O que nos aproxima além de nossa cor, gênero e realidade social? Nossa luta: nosso recorte se volta diretamente às relações de trabalho e ao comportamento corporativo diante de grupos vulneráveis e tradicionalmente deixados à margem, expulsos de seus modos de vida e de sua possibilidade de ser como são. E claro: a paixão pelo Direito Internacional como linha condutora deste nadar contra a corrente.

Superadas as respostas iniciais e necessárias, vamos às dúvidas, angústias e incertezas – nossas e deles(as).

Mais perguntas que respostas: Novas formas, velhos dilemas

"Ano passado eu morri, mas este ano eu não morro" (BELCHIOR, 1976. EMICIDA, 2019). Quantas são as mortes (reais ou metafóricas) que passamos em vida? Com um recorte na vida de trabalhadores e a partir da proteção aos seus direitos no plano interno e internacional, trazemos essa pergunta àqueles(as) que nos ouvem.

Quantas são as mortes de trabalhadores? E quais? Soterrados por lama, atropelados por um ônibus ou pelo próprio sistema. Seria a exploração ou o empreendedorismo? Estamos rumando a um desenvolvimento mais sustentável? Ser "verde" é suficiente? As novas siglas do mercado lidas à exaustão, os novos termos, os tratados, são estes apenas mecanismos meticulosamente estabelecidos para perpetuar uma lógica que não se modifica? São reais as novas formas de trabalho ou temos uma uberização (SLEE, 2017) de todos os aspectos da vida, trazendo novas vestes a um problema de exploração humana que perpassa gerações e alcança o instinto humano, ainda não superado apesar do avanço do intelecto? O que esperar do futuro: nós o moldamos ou ele já está posto deterministicamente? Perseveramos nos erros por que eles se tornaram um "caminho conhecido" (GARRIGA, 2017, p. 22)?

Estas são algumas de nossas inquietações neste processo de aprendizado focado em trazer mais perguntas que respostas àquelas(es) que cruzam este caminho de troca. Como despertar o conhecimento, a visão crítica e desenvolver empatia em um único processo? Seria o caminho da evolução intelectual e prática um eterno viver sem respostas? E o quão preparadas para este movimento estão as gerações que satisfazem sua gana de conhecimento em apenas um clique?

VÍTIMAS E PROTAGONISTAS

Estas que vos falam também são vítimas desse sistema. Também somos vítimas de uma estrutura social, organizacional e acadêmica que não nos permite trazer respostas aos problemas mundanos e intelectuais. Mas este é nosso trabalho, e não lutamos tanto para não deixar a nossa marca. Não nos referimos a nenhuma invenção extraordinária, mas sim à construção de um mosaico de saberes capazes de despertar o senso crítico e de urgência nas gerações atuais e naquelas que nos sucederão.

Qual o nosso papel, então? Sermos atuantes nesse processo de transformação dos saberes. E nossa prática é aqui compartilhada para que esta corrente não se quebre. Que novos elos, com vocês, sejam construídos a partir dessa leitura.

NÓS NA PRÁTICA

"Biocom no céu e Deus na Terra". A história de Américo Brasiliense e sua saga em Angola. Convenções da OIT, Direitos Humanos e Empresas,

Direito Internacional sob a perspectiva crítica. Uma ficção em que qualquer semelhança não é mera coincidência.

A realidade, ainda que contada por metáforas, pode ser mais dura e complexa do que a ficção consegue imaginar. Narrar casos indigestos e problematizá-los junto com os(as) alunos(as) nos ajudou a questionar práticas empresariais transnacionais, discutir a efetividade do direito e refletir sobre como garantir direitos mínimos em contextos diversos.

A narrativa e diferentes tipos de linguagem, inclusive aqueles menos usuais no campo jurídico, como um poema ou uma fotografia, podem ser aliados no processo de ensino-aprendizagem, nessa via de mão dupla, em que quem tradicionalmente ensina também aprende (e muito) e quem costumeiramente aprende também ensina.

Algumas situações – como o tráfico de pessoas e o trabalho escravo em Biocom (usina hidrelétrica construída pela Odebrecht, em Angola) , mas que infelizmente podem ser tantos outros casos indigestos – nos colocou, ao lado dos alunos e das alunas diante de uma série de questões (sociais, econômicas, culturais, dentre outros) que, até hoje, infelizmente o direito nacional e internacional ainda não conseguiu responder bem. Diante desse cenário, ouvimos frases de espanto: "como isso ainda existe?", "como uma empresa tão grande age assim?", "mas por que os trabalhadores aceitam?", "quem vai preso?", "vão parar as obras?", dentre muitas outras.

Como explicar essa "insuficiência" do direito a estudantes cheio de entusiasmo pela futura profissão (se não deixando novas perguntas a sua frente que o/a estimule a responder)? Esse, talvez, seja um caminho possível para que, de fato, tenhamos estudantes e não meros espectadores ou "escutantes" na sala, na profissão ou na vida.

Aproximar-se das muitas realidades que nos cercam é um passo fundamental para conquistarmos um direito de e para todas e todos. Nos parece ser necessário (e urgente) um ensino jurídico que lide com problemas reais, que desafie olhar para além dos muros "seguros" da sala de aula.

Essa não foi – e não é – uma tarefa fácil. Não raro, a transparência e a busca por uma docência baseada na troca são vistas com olhos desconfiados, sobretudo quando parte de mulheres. Contudo, nossa experiência já nos mostrou que o caminho das "perguntas" tem sido mais enriquecedor do que um percurso já trilhado de respostas prontas.

DIVERSAS PRÁTICAS DIVERSAS — DIVERSOS RESULTADOS

A nossa experiência foi e é bastante localizada, temos consciência. Partimos de instituições com boa infraestrutura, na capital de São Paulo, em que, mesmo com suas dificuldades, os alunos e as alunas possuem acesso à internet, a boas bibliotecas e com tempo extraclasse e condições para estudar, pesquisar e pensar.

A realidade desigual do nosso país nos alerta que nem todos e todas – docentes ou discentes- estão nessa mesma situação, o que pode dificultar algumas práticas e isso não pode ser ignorado. O nosso intuito, no entanto, é relatar experiências para que, ainda que em contextos diversos, o estímulo às perguntas (sem o peso das respostas) seja visto, ao menos, como uma estratégia possível.

O peso também está na aplicação da nota. Qual o verdadeiro papel da nota no ensino de qualquer disciplina? O quanto uma nota alta vai influenciar na qualidade da(o) profissional?

Sabemos que ela é requisito em qualquer instituição de ensino, mas nosso ponto é ir além do histórico escolar: queremos que as atividades que sigam tais modelos representem parte da nota, mas sejam, principalmente, instrumento de transformação. E isso pode ser feito por qualquer Professor(a) em qualquer instituição. Atividades que durem uma aula, ou que componham apenas uma parte das aulas ao longo de um semestre; atividades que não valham nota, tirando, assim, o peso das(os) alunas(os) de buscar a aprovação a qualquer custo e fazendo com que eles/elas se permitam errar – um exercício de demonstração de vulnerabilidades e autoconhecimento para além do aprendizado técnico; tudo isso faz parte do repensar a docência e a figura do(a) discente.

Para além da sala de aula, grupos de estudo, de pesquisa, clínicas jurídicas. O universo além do monólogo, a possibilidade de testar novos conceitos e estudar materiais que muitas vezes não cabem nas poucas horas encaixadas no plano de ensino. Nossas experiências práticas em grupos de estudo e pesquisa nos mostram que o aprendizado mora dentro e fora da sala de aula – às vezes, até mais fora do que dentro.

Mas, o mais importante e curioso: o interesse que se desperta em quaisquer destes espaços acompanha as(os) alunas(os) também para o campo profissional. Estas(es), além de se identificarem com muitas das discussões trazidas sobre discriminação no universo laboral (não foram raros os relatos de discriminação por orientação sexual e identidade de gênero, raça, gênero, deficiência, além de situações como jornadas exaustivas e assédios de toda a natureza), compreendem que é a partir deste olhar crítico (para si e para outrem) que é possível repensar mudanças estruturais e práticas dentro e fora do ambiente corporativo.

Do Grupo "Mack DH&E: Direitos Humanos e Empresas", da Faculdade de Direito da Universidade Presbiteriana Mackenzie, já se vivencia uma geração de advogadas(os) que estão buscando melhorias em seus ambientes de trabalho, seja por meio da implementação de códigos de ética mais humanizados, pela criação de áreas internas em Direitos Humanos e Empresas e mesmo por discussões para elaboração de políticas públicas por parte de órgãos governamentais. Tudo isso por iniciativa daquelas(es), que, alunas(os), reconheceram seus papéis de protagonistas na transformação da sociedade a partir das atividades desenvolvidas naquele espaço nos últimos cinco anos.

No Grupo "Pessoas Invisíveis: Prevenção e Combate ao Tráfico Interno e Internacional de Seres Humanos", Projeto de Pesquisa na Universidade Presbiteriana Mackenzie existente desde 2017, foram produzidas cartilhas e livros com a finalidade de alertar a sociedade sobre os perigos do tráfico de pessoas no Brasil e no mundo. Nosso diálogo com outras IES do Brasil foi transformador tanto para a nossa quanto para a realidade dos demais atores envolvidos.

Da disciplina "Direito do Trabalho e Previdenciário", ministrada na Escola de Direito de São Paulo da FGV, também se vislumbra um grupo de alunas e alunos engajados em contribuir para além dos muros da escola e se conectar com a realidade. No "Projeto Trabalho Decente", desenvolvido em 2020 com uma turma de 4º ano da graduação, tivemos frutos inspiradores: plantão de dúvidas em uma ONG dedicada ao trabalho doméstico, elaboração de cartilha para centro de assistência jurídica gratuito, projeto de política pública a ser implementado na cidade de São Paulo para trabalhadores migrantes, dentre outras iniciativas desenhadas pelos próprios estudantes a partir de temas identificados (por eles mesmos) como gargalos na promoção do trabalho decente e do Objetivo do Desenvolvimento Sustentável nº 8.

Assim, de nossos poucos anos de experiências em sala de aula e na coordenação ou mesmo na participação em grupos de estudo e pesquisa, conseguimos formar profissionais mais atentas(os) às entrelinhas, essas que o sistema muitas vezes teima em camuflar.

VIVER SEM RESPOSTAS... IMEDIATAS

Compreendemos, assim, deste nosso exercício terapêutico de autoconhecimento e de compartilhamento de experiências, que as respostas a que nos referimos no início de nosso trabalho não são inexistentes. Elas só não são.... imediatas. Neste divã da docência e da pesquisa, resta claro que somos muitos "Américos Brasilienses" sujeitos à exploração laboral em suas mais variadas facetas, mas que é o conhecimento além do posto e do imposto que nos une ao mesmo tempo em que nos diversifica e, mais que isso, que nos coloca na posição de protagonistas de uma mudança mais profunda.

Somos ainda poucas(os), mas podemos ser muitas(os). Para irmos além dos privilégios (e, inclusive, sermos capazes de mudar esta realidade), basta estarmos unidas(os) em um propósito: o de perguntar mais que responder dentro e fora da sala de aula, para que as verdadeiras respostas venham, em seu tempo, a partir de uma geração de profissionais que transformem efetivamente nossa realidade. Seguimos juntas(os) neste propósito.

REFERÊNCIAS

BELCHIOR. Sujeito de sorte. Polygram: 1976.

EMICIDA. AmarElo. Sony Music: 2019.

GARRIGA, Joan. A chave para uma boa vida: ganhar sem se perder e saber perder ganhando a si mesmo. São Paulo: Planeta do Brasil, 2017.

SLEE, Tom. Uberização: a nova onda do trabalho precarizado. São Paulo: Elefante, 2017.

ADORNO, Theodor. Introdução à Sociologia. São Paulo: UNESP, 2007.

ALVES, Alaôr. Estado e Ideologia. São Paulo: Brasiliense, 1987.

BOVERO, Michelangelo. Contra o Governo dos Piores. São Paulo: Campus, 2002.

CORRÊA, André. Por que privilegiar o desenvolvimento de competências? Relato de uma aula de Direito Contratual. In: GHIRARDI, José; VANZELLA, Rafael. (Org.). Ensino Jurídico Participativo - Construção de programas, experiências didáticas. São Paulo: Saraiva, p. 27-72, 2009.

CRUZ, Elisa; SENA, Jaqueline; BLOTTA, Vitor & LEVY, Wilson. 180 Anos de Ensino do Direito no Brasil - Olhares e Perspectivas Discentes.In: CARLINI, Angélica; CERQUEIRA, Daniel & ALMEIDA FILHO, José (Org.). 180 Anos de Ensino Jurídico no Brasil. Campinas: Millenium/ABEDi, p. 211-39, 2008.

DELGADO, Richard. Storytelling for Oppositionists and Others : A Plea for Narrative, Michigan Law Review, v. 87, p. 2411-41, 1989.

DE CERTEAU, Michel. Escrita da História. Rio de Janeiro: Forense, 1982.

DURKHEIM, Émile. As Regras do Método Sociológico. In: Émile DURKHEIM. Textos Escolhidos. São Paulo: Abril Cultural, p. 171-161 , 1978.

EWICK, Patricia & SILBEY, Susan. Subversive Stories and Hegemonic Tales : Towards a Sociology of Narrative, Law & Society Review, v. 29, n. 2, p. 197-226, 1995.

ESKRIDGE, William. Gaylegal Narratives, Stanford Law Review, v. 46, p. 607-46, 1994.

GIANNATTASIO, Arthur. Fundamentos de uma Análise Sociológica Crítica das Instituições Jurídicas Internacionais: Negatividade e Política na Metodologia dos Estudos em Direito Internacional no Brasil, Revista Brasileira de Estudos Políticos, n. 116, p. 113-58, 2018a.

Contra um Fetichismo nos Estudos Empíricos em Direito Internacional: Moldura Intencional e o Esvaziamento Significativo da Empiria, Revista de Estudos Empíricos em Direito, v. 5, n. 1, p. 9-24, 2018b.

A Experiência em Direito da Integração Regional: A integração regional segundo a ambivalência do incluído-excluído. In: MONEBHURRUN, Nitish (Org.). Como Preparar uma Tese de Doutorado - Da Escrita à Defesa: Um Relato a partir da Experiência dos Professores. Rio de Janeiro: Processo, p. 249-266, 2020.

National Political Ideologies and International Legal Practices: Raul Fernandes (1877 - 1968). In: Patrick Sean Morris. (Org.). The League of Nations and the Development of International Law: A New Intellectual History of the Advisory Committee of Jurists. Abingdon: Routledge, 2021. [no prelo].

GUEST, Greg; NAMEY, Emily & MITCHELL, Marilyn. Collecting Qualitative Data: A Field Manual for Applied Research. London/Thousand Oaks: Sage, 2013.

HABERMAS, Jürgen. A Ética da Discussão e a Questão da Verdade. São Paulo: Martins Fontes, 2004a.

Fé e Saber. In: HABERMAS, Jürgen. O Futuro da Natureza Humana. São Paulo: Martins Fontes, p. 135-54, 2004b.

LÉVI-STRAUSS, Claude. O Campo da Antropologia. In: Claude LÉVI-STRAUSS. Antropologia Estrutural Dois. 4 ed. Rio de Janeiro: Tempo Brasileiro, p. 11-40, 1993.

MAQUIAVEL, Nicolau. O Príncipe. São Paulo: Cia das Letras, 2016.

MONEBHURRUN, Nitish (Org.). Como Preparar uma Tese de Doutorado - Da Escrita à Defesa: Um Relato a partir da Experiência dos Professores. Rio de Janeiro: Processo, 2020.

MOREIRA, Adilson. Cidadania Sexual. Belo Horizonte: Arraes, 2017a.

O Que é Discriminação? São Paulo: Letramento/Justificando, 2017b.

Pensando como um Negro: Ensaio de Hermenêutica Jurídica, Revista de Direito Brasileira, v. 18, p. 393-420, 2017c.

Tratado de Direito Antidiscriminatório. São Paulo: Contracorrente, 2020.

MORUS, Thomas. Utopia. Porto Alegre: L&PM, 2010.

NASCIMENTO, Milton. O contrato social: entre a escala e o programa. Discurso, n. 17, p. 119-129, 1988.

ONUMA, Yasuaki. Direito Internacional em Perspectiva Transcivilizacional. Belo Horizonte: Arras, 2016.

QUEIROZ, Rafael & FEFERBAUM, Marina. Para que serve este Livro. In: (Coord.). Metodologia Jurídica: Um Roteiro Prático para Trabalhos de Conclusão de Curso. São Paulo: Saraiva/DIREITO GV, p. 27-34, 2012.

ROBERTS, Anthea. Is International Law International? Oxford: Oxford University, 2018.

ROEDER, Tara. "You Have to Confess": Rape and the Politics of Storytelling, Journal of Feminist Scholarship, v. 9, p. 18-29, 2015.

RIBEIRO, Djamila. O Que é Lugar de Fala? Belo Horizonte: Letramento, 2017.

SCHACHTER, Oscar. The Invisible College of International Lawyers, Northwestern University Law Review, v. 72, n. 3, p. 217-, 1977.

SKINNER, Quentin. The Foundations of Modern Political Thought. 11 ed. v. I. Cambridge: Cambridge University, 2002.

WEBER, Max. A "Objetividade" do Conhecimento nas Ciências Sociais. In: Max WEBER. Sociologia. São Paulo: Ática, p. 79-127, 1982.

A Ciência como Vocação. In: Max WEBER. Ciência e Política - Duas Vocações. 18 ed. São Paulo: Cultrix, p. , 2011.

Economia e Sociedade. 4 ed. Brasília: UnB, 2012.